T&P BOOKS

ENGELS

WOORDENSCHAT

THEMATISCHE WOORDENLIJST

NEDERLANDS
ENGELS

De meest bruikbare woorden
Om uw woordenschat uit te breiden en
uw taalvaardigheid aan te scherpen

7000 woorden

Thematische woordenschat Nederlands-Brits-Engels - 7000 woorden

Door Andrey Taranov

Woordenlijsten van T&P Books zijn bedoeld om u woorden van een vreemde taal te helpen leren, onthouden, en bestudering. Dit woordenboek is ingedeeld in thema's en behandelt alle belangrijk terreinen van het dagelijkse leven, bedrijven, wetenschap, cultuur, etc.

Het proces van het leren van woorden met behulp van de op thema's gebaseerde aanpak van T&P Books biedt u de volgende voordelen:

- Correct gegroepeerde informatie is bepalend voor succes bij opeenvolgende stadia van het leren van woorden
- De beschikbaarheid van woorden die van dezelfde stam zijn maakt het mogelijk om woordgroepen te onthouden (in plaats van losse woorden)
- Kleine groepen van woorden faciliteren het proces van het aanmaken van associatieve verbindingen, die nodig zijn bij het consolideren van de woordenschat
- Het niveau van talenkennis kan worden ingeschat door het aantal geleerde woorden

T&P Books Publishing
www.tpbooks.com

ISBN: 978-1-78492-300-6

Dit boek is ook beschikbaar in e-boek formaat.
Gelieve www.tpbooks.com te bezoeken of de belangrijkste online boekwinkels.

BRITS-ENGELSE WOORDENSCHAT
nieuwe woorden leren

T&P Books woordenlijsten zijn bedoeld om u te helpen vreemde woorden te leren, te onthouden, en te bestuderen. De woordenschat bevat meer dan 7000 veel gebruikte woorden die thematisch geordend zijn.

* De woordenlijst bevat de meest gebruikte woorden
* Aanbevolen als aanvulling bij welke taalcursus dan ook
* Voldoet aan de behoeften van de beginnende en gevorderde student in vreemde talen
* Geschikt voor dagelijks gebruik, bestudering en zelftestactiviteiten
* Maakt het mogelijk om uw woordenschat te evalueren

Bijzondere kenmerken van de woordenschat

* De woorden zijn gerangschikt naar hun betekenis, niet volgens alfabet
* De woorden worden weergegeven in drie kolommen om bestudering en zelftesten te vergemakkelijken
* Woorden in groepen worden verdeeld in kleine blokken om het leerproces te vergemakkelijken
* De woordenschat biedt een handige en eenvoudige beschrijving van elk buitenlands woord

De woordenschat bevat 198 onderwerpen zoals:

Basisconcepten, getallen, kleuren, maanden, seizoenen, meeteenheden, kleding en accessoires, eten & voeding, restaurant, familieleden, verwanten, karakter, gevoelens, emoties, ziekten, stad, dorp, bezienswaardigheden, winkelen, geld, huis, thuis, kantoor, werken op kantoor, import & export, marketing, werk zoeken, sport, onderwijs, computer, internet, gereedschap, natuur, landen, nationaliteiten en meer ...

INHOUDSOPGAVE

UITSPRAAKGIDS

Letter	Engels voorbeeld	T&P fonetisch alfabet	Nederlands voorbeeld

Klinkers

Letter	Engels voorbeeld	T&P fonetisch alfabet	Nederlands voorbeeld
a	age	[eɪ]	Azerbeidzjan
a	bag	[æ]	Nederlands Nedersaksisch - dät, Engels - cat
a	car	[ɑ:]	maart
a	care	[eə]	alinea
e	meat	[i:]	team, portier
e	pen	[e]	delen, spreken
e	verb	[ɜ]	als in urn
e	here	[ɪə]	België, Australië
i	life	[aj]	byte, majoor
i	sick	[ɪ]	iemand, die
i	girl	[ø]	neus, beu
i	fire	[ajə]	bajonet
o	rose	[əʊ]	snowboard
o	shop	[ɒ]	Fries - 'hanne'
o	sport	[ɔ:]	rood, knoop
o	ore	[ɔ:]	rood, knoop
u	to include	[u:]	fuut, uur
u	sun	[ʌ]	acht
u	church	[ɜ]	als in urn
u	pure	[ʊə]	werken, grondwet
y	to cry	[aj]	byte, majoor
y	system	[ɪ]	iemand, die
y	Lyre	[ajə]	bajonet
y	party	[ɪ]	iemand, die

Medeklinkers

Letter	Engels voorbeeld	T&P fonetisch alfabet	Nederlands voorbeeld
b	bar	[b]	hebben
c	city	[s]	spreken, kosten
c	clay	[k]	kennen, kleur
d	day	[d]	Dank u, honderd
f	face	[f]	feestdag, informeren
g	geography	[dʒ]	jeans, jungle
g	glue	[g]	goal, tango
h	home	[h]	het, herhalen
j	joke	[dʒ]	jeans, jungle

Letter	Engels voorbeeld	T&P fonetisch alfabet	Nederlands voorbeeld
k	king	[k]	kennen, kleur
l	love	[l]	delen, luchter
m	milk	[m]	morgen, etmaal
n	nose	[n]	nemen, zonder
p	pencil	[p]	parallel, koper
q	queen	[k]	kennen, kleur
r	rose	[r]	roepen, breken
s	sleep	[s]	spreken, kosten
s	please	[z]	zeven, zesde
s	pleasure	[ʒ]	journalist, rouge
t	table	[t]	tomaat, taart
v	velvet	[v]	beloven, schrijven
w	winter	[w]	twee, willen
x	ox	[ks]	links, maximaal
x	exam	[gz]	[g] als in goal + [z]
z	azure	[ʒ]	journalist, rouge
z	zebra	[z]	zeven, zesde

Lettercombinaties

ch	China	[tʃ]	Tsjechië, cello
ch	chemistry	[k]	kennen, kleur
ch	machine	[ʃ]	shampoo, machine
sh	ship	[ʃ]	shampoo, machine
th	weather	[ð]	Stemhebbende dentaal, Engels - there
th	tooth	[θ]	Stemloze dentaal, Engels - thank you
ph	telephone	[f]	feestdag, informeren
ck	black	[k]	kennen, kleur
ng	ring	[ŋ]	optelling, jongeman
ng	English	[ŋ]	optelling, jongeman
wh	white	[w]	twee, willen
wh	whole	[h]	het, herhalen
wr	wrong	[r]	roepen, breken
gh	enough	[f]	feestdag, informeren
gh	sign	[n]	nemen, zonder
kn	knife	[n]	nemen, zonder
qu	question	[kv]	kwaliteit, Ecuador
tch	catch	[tʃ]	Tsjechië, cello
oo+k	book	[ʊ]	hoed, doe
oo+r	door	[ɔ:]	rood, knoop
ee	tree	[i:]	team, portier
ou	house	[aʊ]	blauw
ou+r	our	[aʊə]	blauwe
ay	today	[eɪ]	Azerbeidzjan
ey	they	[eɪ]	Azerbeidzjan

AFKORTINGEN
gebruikt in de woordenschat

Nederlandse afkortingen

mann.	-	mannelijk
vrouw.	-	vrouwelijk
mv.	-	meervoud
on.ww.	-	onovergankelijk werkwoord
ov.ww.	-	overgankelijk werkwoord
bn	-	bijvoeglijk naamwoord
bw	-	bijwoord
abn	-	als bijvoeglijk naamwoord
bijv.	-	bijvoorbeeld
enz.	-	enzovoort
wisk.	-	wiskunde
enk.	-	enkelvoud
ov.	-	over
mil.	-	militair
vn	-	voornaamwoord
telb.	-	telbaar
form.	-	formele taal
ontelb.	-	ontelbaar
inform.	-	informele taal
vw	-	voegwoord
vz	-	voorzetsel
ww	-	werkwoord

Nederlandse artikelen

de	-	gemeenschappelijk geslacht
het	-	onzijdig
de/het	-	onzijdig, gemeenschappelijk geslacht

Engelse afkortingen

sb	-	iemand
v aux	-	hulp werkwoord

vi	-	onovergankelijk werkwoord
vt	-	overgankelijk werkwoord
vi, vt	-	onovergankelijk, overgankelijk werkwoord
sth	-	iets

BASISBEGRIPPEN

Basisbegrippen Deel 1

1. Voornaamwoorden

| ik | I, me | [aɪ], [mi:] |
| jij, je | you | [ju:] |

hij	he	[hi:]
zij, ze	she	[ʃi:]
het	it	[ɪt]

wij, we	we	[wi:]
jullie	you	[ju:]
zij, ze	they	[ðeɪ]

2. Begroetingen. Begroetingen. Afscheid

Hallo! Dag!	Hello!	[hə'ləʊ]
Hallo!	Hello!	[hə'ləʊ]
Goedemorgen!	Good morning!	[gʊd 'mɔ:nɪŋ]
Goedemiddag!	Good afternoon!	[gʊd ˌɑ:ftə'nu:n]
Goedenavond!	Good evening!	[gʊd 'i:vnɪŋ]

gedag zeggen (groeten)	to say hello	[tə seɪ hə'ləʊ]
Hoi!	Hi!	[haɪ]
groeten (het)	greeting	['gri:tɪŋ]
verwelkomen (ww)	to greet (vt)	[tə gri:t]
Hoe gaat het?	How are you?	[ˌhaʊ ə 'ju:]
Is er nog nieuws?	What's new?	[ˌwɒts 'nju:]

Dag! Tot ziens!	Bye-Bye! Goodbye!	[baɪ-baɪ], [gʊd'baɪ]
Tot snel! Tot ziens!	See you soon!	['si: ju ˌsu:n]
afscheid nemen (ww)	to say goodbye	[tə seɪ gʊd'baɪ]
Tot kijk!	Cheers!	[tʃɪəz]

Dank u!	Thank you!	['θæŋk ju:]
Dank u wel!	Thank you very much!	['θæŋk ju 'verɪ mʌtʃ]
Graag gedaan	My pleasure!	[maɪ 'pleʒə(r)]
Geen dank!	Don't mention it!	[ˌdəʊnt 'menʃən ɪt]

| Excuseer me, ... | Excuse me, ... | [ɪk'skju:z mi:] |
| excuseren (verontschuldigen) | to excuse (vt) | [tə ɪk'skju:z] |

| zich verontschuldigen | to apologize (vi) | [tə ə'pɒlədʒaɪz] |
| Mijn excuses. | My apologies. | [maɪ ə'pɒlədʒɪz] |

Het spijt me!	I'm sorry!	[aɪm 'sɒrɪ]
Maakt niet uit!	It's okay!	[ɪts ˌəʊ'keɪ]
alsjeblieft	please	[pli:z]

Vergeet het niet!	Don't forget!	[ˌdəʊnt fə'get]
Natuurlijk!	Certainly!	['sɜ:tənlɪ]
Natuurlijk niet!	Of course not!	[əv ˌkɔ:s 'nɒt]
Akkoord!	Okay!	[ˌəʊ'keɪ]
Zo is het genoeg!	That's enough!	[ðæts ɪ'nʌf]

3. Kardinale getallen. Deel 1

nul	zero	['zɪərəʊ]
een	one	[wʌn]
twee	two	[tu:]
drie	three	[θri:]
vier	four	[fɔ:(r)]

vijf	five	[faɪv]
zes	six	[sɪks]
zeven	seven	['sevən]
acht	eight	[eɪt]
negen	nine	[naɪn]

tien	ten	[ten]
elf	eleven	[ɪ'levən]
twaalf	twelve	[twelv]
dertien	thirteen	[ˌθɜ:'ti:n]
veertien	fourteen	[ˌfɔ:'ti:n]

vijftien	fifteen	[fɪf'ti:n]
zestien	sixteen	[sɪks'ti:n]
zeventien	seventeen	[ˌsevən'ti:n]
achttien	eighteen	[ˌeɪ'ti:n]
negentien	nineteen	[ˌnaɪn'ti:n]

twintig	twenty	['twentɪ]
eenentwintig	twenty-one	['twentɪ ˌwʌn]
tweeëntwintig	twenty-two	['twentɪ ˌtu:]
drieëntwintig	twenty-three	['twentɪ ˌθri:]

dertig	thirty	['θɜ:tɪ]
eenendertig	thirty-one	['θɜ:tɪ ˌwʌn]
tweeëndertig	thirty-two	['θɜ:tɪ ˌtu:]
drieëndertig	thirty-three	['θɜ:tɪ ˌθri:]

veertig	forty	['fɔ:tɪ]
eenenveertig	forty-one	['fɔ:tɪˌwʌn]
tweeënveertig	forty-two	['fɔ:tɪˌtu:]
drieënveertig	forty-three	['fɔ:tɪˌθri:]

vijftig	fifty	['fɪftɪ]
eenenvijftig	fifty-one	['fɪftɪ ˌwʌn]
tweeënvijftig	fifty-two	['fɪftɪ ˌtu:]

drieënvijftig	fifty-three	['fıftı ˌθri:]
zestig	sixty	['sıkstı]
eenenzestig	sixty-one	['sıkstı ˌwʌn]
tweeënzestig	sixty-two	['sıkstı ˌtu:]
drieënzestig	sixty-three	['sıkstı ˌθri:]

zeventig	seventy	['sevəntı]
eenenzeventig	seventy-one	['sevəntı ˌwʌn]
tweeënzeventig	seventy-two	['sevəntı ˌtu:]
drieënzeventig	seventy-three	['sevəntı ˌθri:]

tachtig	eighty	['eıtı]
eenentachtig	eighty-one	['eıtı ˌwʌn]
tweeëntachtig	eighty-two	['eıtı ˌtu:]
drieëntachtig	eighty-three	['eıtı ˌθri:]

negentig	ninety	['naıntı]
eenennegentig	ninety-one	['naıntı ˌwʌn]
tweeënnegentig	ninety-two	['naıntı ˌtu:]
drieënnegentig	ninety-three	['naıntı ˌθri:]

4. Kardinale getallen. Deel 2

honderd	one hundred	[ˌwʌn 'hʌndrəd]
tweehonderd	two hundred	[tu 'hʌndrəd]
driehonderd	three hundred	[θri: 'hʌndrəd]
vierhonderd	four hundred	[ˌfɔ: 'hʌndrəd]
vijfhonderd	five hundred	[ˌfaıv 'hʌndrəd]

zeshonderd	six hundred	[sıks 'hʌndrəd]
zevenhonderd	seven hundred	['sevən 'hʌndrəd]
achthonderd	eight hundred	[eıt 'hʌndrəd]
negenhonderd	nine hundred	[ˌnaın 'hʌndrəd]

duizend	one thousand	[ˌwʌn 'θauzənd]
tweeduizend	two thousand	[tu 'θauzənd]
drieduizend	three thousand	[θri: 'θauzənd]
tienduizend	ten thousand	[ten 'θauzənd]
honderdduizend	one hundred thousand	[ˌwʌn 'hʌndrəd 'θauzənd]
miljoen (het)	million	['mıljən]
miljard (het)	billion	['bıljən]

5. Getallen. Breuken

breukgetal (het)	fraction	['frækʃən]
half	one half	[ˌwʌn 'hɑ:f]
een derde	one third	[wʌn θɜ:d]
kwart	one quarter	[wʌn 'kwɔ:tə(r)]
een achtste	one eighth	[wʌn 'eıtθ]
een tiende	one tenth	[wʌn tenθ]
twee derde	two thirds	[tu θɜ:dz]
driekwart	three quarters	[θri: 'kwɔ:təz]

6. Getallen. Eenvoudige berekeningen

aftrekking (de)	subtraction	[səb'trækʃən]
aftrekken (ww)	to subtract (vi, vt)	[tə səb'trækt]
deling (de)	division	[dɪ'vɪʒən]
delen (ww)	to divide (vt)	[tə dɪ'vaɪd]
optelling (de)	addition	[ə'dɪʃən]
erbij optellen	to add up (vt)	[tə æd 'ʌp]
(bij elkaar voegen)		
optellen (ww)	to add (vi, vt)	[tə æd]
vermenigvuldiging (de)	multiplication	[ˌmʌltɪplɪ'keɪʃən]
vermenigvuldigen (ww)	to multiply (vt)	[tə 'mʌltɪplaɪ]

7. Getallen. Diversen

cijfer (het)	figure	['fɪgə(r)]
nummer (het)	number	['nʌmbə(r)]
telwoord (het)	numeral	['nju:mərəl]
minteken (het)	minus sign	['maɪnəs saɪn]
plusteken (het)	plus sign	[plʌs saɪn]
formule (de)	formula	['fɔ:mjʊlə]
berekening (de)	calculation	[ˌkælkjʊ'leɪʃən]
tellen (ww)	to count (vi, vt)	[tə kaʊnt]
vergelijken (ww)	to compare (vt)	[tə kəm'peə(r)]
Hoeveel? (ontelb.)	How much?	[ˌhaʊ 'mʌtʃ]
Hoeveel? (telb.)	How many?	[ˌhaʊ 'menɪ]
som (de), totaal (het)	sum, total	[sʌm], ['təʊtəl]
uitkomst (de)	result	[rɪ'zʌlt]
rest (de)	remainder	[rɪ'meɪndə(r)]
enkele (bijv. ~ minuten)	a few ...	[ə fju:]
weinig (bw)	little	['lɪtəl]
restant (het)	the rest	[ðə rest]
anderhalf	one and a half	['wʌn ənd ə ˌha:f]
dozijn (het)	dozen	['dʌzən]
middendoor (bw)	in half	[ɪn 'ha:f]
even (bw)	equally	['i:kwəlɪ]
helft (de)	half	[ha:f]
keer (de)	time	[taɪm]

8. De belangrijkste werkwoorden. Deel 1

aanbevelen (ww)	to recommend (vt)	[tə ˌrekə'mend]
aandringen (ww)	to insist (vi, vt)	[tə ɪn'sɪst]
aankomen (per auto, enz.)	to arrive (vi)	[tə ə'raɪv]
aanraken (ww)	to touch (vt)	[tə tʌtʃ]
adviseren (ww)	to advise (vt)	[tə əd'vaɪz]

afdalen (on.ww.)	to come down	[tə kʌm daʊn]
afslaan (naar rechts ~)	to turn (vi)	[tə tɜ:n]
antwoorden (ww)	to answer (vi, vt)	[tə 'ɑ:nsə(r)]
bang zijn (ww)	to be afraid	[tə bi ə'freɪd]
bedreigen (bijv. met een pistool)	to threaten (vt)	[tə 'θretən]

bedriegen (ww)	to deceive (vi, vt)	[tə dɪ'si:v]
beëindigen (ww)	to finish (vt)	[tə 'fɪnɪʃ]
beginnen (ww)	to begin (vt)	[tə bɪ'gɪn]
begrijpen (ww)	to understand (vt)	[tə‚ʌndə'stænd]
beheren (managen)	to run, to manage	[tə rʌn], [tə 'mænɪdʒ]

beledigen (met scheldwoorden)	to insult (vt)	[tə ɪn'sʌlt]
beloven (ww)	to promise (vt)	[tə 'prɒmɪs]
bereiden (koken)	to cook (vt)	[tə kʊk]
bespreken (spreken over)	to discuss (vt)	[tə dɪs'kʌs]

bestellen (eten ~)	to order (vt)	[tə 'ɔ:də(r)]
bestraffen (een stout kind ~)	to punish (vt)	[tə 'pʌnɪʃ]
betalen (ww)	to pay (vi, vt)	[tə peɪ]
betekenen (beduiden)	to mean (vt)	[tə mi:n]
betreuren (ww)	to regret (vi)	[tə rɪ'gret]

bevallen (prettig vinden)	to fancy (vt)	[tə 'fænsɪ]
bevelen (mil.)	to order (vi, vt)	[tə 'ɔ:də(r)]
bevrijden (stad, enz.)	to liberate (vt)	[tə 'lɪbəreɪt]
bewaren (ww)	to keep (vt)	[tə ki:p]
bezitten (ww)	to own (vt)	[tə əʊn]

bidden (praten met God)	to pray (vi, vt)	[tə preɪ]
binnengaan (een kamer ~)	to enter (vt)	[tə 'entə(r)]
breken (ww)	to break (vt)	[tə breɪk]
controleren (ww)	to control (vt)	[tə kən'trəʊl]
creëren (ww)	to create (vt)	[tə kri:'eɪt]

deelnemen (ww)	to participate (vi)	[tə pɑ:'tɪsɪpeɪt]
denken (ww)	to think (vi, vt)	[tə θɪŋk]
doden (ww)	to kill (vt)	[tə kɪl]
doen (ww)	to do (vt)	[tə du:]
dorst hebben (ww)	to be thirsty	[tə bi 'θɜ:stɪ]

9. De belangrijkste werkwoorden. Deel 2

een hint geven	to give a hint	[tə gɪv ə hɪnt]
eisen (met klem vragen)	to demand (vt)	[tə dɪ'mɑ:nd]
excuseren (vergeven)	to excuse (vt)	[tə ɪk'skju:z]
existeren (bestaan)	to exist (vi)	[tə ɪg'zɪst]
gaan (te voet)	to go (vi)	[tə gəʊ]

gaan zitten (ww)	to sit down (vi)	[tə sɪt daʊn]
gaan zwemmen	to go for a swim	[tə gəʊ fɔrə swɪm]
geven (ww)	to give (vt)	[tə gɪv]

| glimlachen (ww) | to smile (vi) | [tə smaɪl] |
| goed raden (ww) | to guess (vt) | [tə ges] |

| grappen maken (ww) | to joke (vi) | [tə dʒəʊk] |
| graven (ww) | to dig (vt) | [tə dɪg] |

hebben (ww)	to have (vt)	[tə hæv]
helpen (ww)	to help (vt)	[tə help]
herhalen (opnieuw zeggen)	to repeat (vt)	[tə rɪ'piːt]
honger hebben (ww)	to be hungry	[tə bi 'hʌŋgrɪ]

hopen (ww)	to hope (vi, vt)	[tə həʊp]
horen	to hear (vt)	[tə hɪə(r)]
(waarnemen met het oor)		
huilen (wenen)	to cry (vi)	[tə kraɪ]
huren (huis, kamer)	to rent (vt)	[tə rent]
informeren (informatie geven)	to inform (vt)	[tə ɪn'fɔːm]

instemmen (akkoord gaan)	to agree (vi)	[tə ə'griː]
jagen (ww)	to hunt (vi, vt)	[tə hʌnt]
kennen (kennis hebben	to know (vt)	[tə nəʊ]
van iemand)		
kiezen (ww)	to choose (vt)	[tə tʃuːz]
klagen (ww)	to complain (vi, vt)	[tə kəm'pleɪn]

kosten (ww)	to cost (vt)	[tə kɒst]
kunnen (ww)	can (v aux)	[kæn]
lachen (ww)	to laugh (vi)	[tə lɑːf]
laten vallen (ww)	to drop (vt)	[tə drɒp]
lezen (ww)	to read (vi, vt)	[tə riːd]

liefhebben (ww)	to love (vt)	[tə lʌv]
lunchen (ww)	to have lunch	[tə hæv lʌntʃ]
nemen (ww)	to take (vt)	[tə teɪk]
nodig zijn (ww)	to be needed	[tə bi 'niːdɪd]

10. De belangrijkste werkwoorden. Deel 3

onderschatten (ww)	to underestimate (vt)	[tə ˌʌndə'restɪmeɪt]
ondertekenen (ww)	to sign (vt)	[tə saɪn]
ontbijten (ww)	to have breakfast	[tə hæv 'brekfəst]
openen (ww)	to open (vt)	[tə 'əʊpən]
ophouden (ww)	to stop (vt)	[tə stɒp]
opmerken (zien)	to notice (vt)	[tə 'nəʊtɪs]

opscheppen (ww)	to boast (vi)	[tə bəʊst]
opschrijven (ww)	to write down	[tə ˌraɪt 'daʊn]
plannen (ww)	to plan (vt)	[tə plæn]
prefereren (verkiezen)	to prefer (vt)	[tə prɪ'fɜː(r)]
proberen (trachten)	to try (vt)	[tə traɪ]
redden (ww)	to save, to rescue	[tə seɪv], [tə 'reskjuː]

| rekenen op ... | to count on ... | [tə kaʊnt ɒn] |
| rennen (ww) | to run (vi) | [tə rʌn] |

reserveren (een hotelkamer ~)	to reserve, to book	[tə rɪ'zɜ:v], [tə bʊk]
roepen (om hulp)	to call (vt)	[tə kɔ:l]
schieten (ww)	to shoot (vi)	[tə ʃu:t]
schreeuwen (ww)	to shout (vi)	[tə ʃaʊt]

schrijven (ww)	to write (vt)	[tə raɪt]
souperen (ww)	to have dinner	[tə hæv 'dɪnə(r)]
spelen (kinderen)	to play (vi)	[tə pleɪ]
spreken (ww)	to speak (vi, vt)	[tə spi:k]
stelen (ww)	to steal (vt)	[tə sti:l]
stoppen (pauzeren)	to stop (vi)	[tə stɒp]

studeren (Nederlands ~)	to study (vt)	[tə 'stʌdɪ]
sturen (zenden)	to send (vt)	[tə send]
tellen (optellen)	to count (vt)	[tə kaʊnt]
toebehoren ...	to belong to ...	[tə bɪ'lɒŋ tu:]
toestaan (ww)	to permit (vt)	[tə pə'mɪt]
tonen (ww)	to show (vt)	[tə ʃəʊ]

twijfelen (onzeker zijn)	to doubt (vi)	[tə daʊt]
uitgaan (ww)	to go out	[tə gəʊ aʊt]
uitnodigen (ww)	to invite (vt)	[tə ɪn'vaɪt]
uitspreken (ww)	to pronounce (vt)	[tə prə'naʊns]
uitvaren tegen (ww)	to scold (vt)	[tə skəʊld]

11. De belangrijkste werkwoorden. Deel 4

vallen (ww)	to fall (vi)	[tə fɔ:l]
vangen (ww)	to catch (vt)	[tə kætʃ]
veranderen (anders maken)	to change (vt)	[tə tʃeɪndʒ]
verbaasd zijn (ww)	to be surprised	[tə bi sə'praɪzd]
verbergen (ww)	to hide (vt)	[tə haɪd]

verdedigen (je land ~)	to defend (vt)	[tə dɪ'fend]
verenigen (ww)	to unite (vt)	[tə ju:'naɪt]
vergelijken (ww)	to compare (vt)	[tə kəm'peə(r)]
vergeten (ww)	to forget (vi, vt)	[tə fə'get]
vergeven (ww)	to forgive (vt)	[tə fə'gɪv]

verklaren (uitleggen)	to explain (vt)	[tə ɪk'spleɪn]
verkopen (per stuk ~)	to sell (vt)	[tə sel]
vermelden (praten over)	to mention (vt)	[tə 'menʃən]
versieren (decoreren)	to decorate (vt)	[tə 'dekəreɪt]
vertalen (ww)	to translate (vt)	[tə træns'leɪt]

vertrouwen (ww)	to trust (vt)	[tə trʌst]
vervolgen (ww)	to continue (vt)	[tə kən'tɪnju:]
verwarren (met elkaar ~)	to confuse, to mix up (vt)	[tə kən'fju:z], [tə mɪks ʌp]
verzoeken (ww)	to ask (vt)	[tə ɑ:sk]
verzuimen (school, enz.)	to miss (vt)	[tə mɪs]

vinden (ww)	to find (vt)	[tə faɪnd]
vliegen (ww)	to fly (vi)	[tə flaɪ]

volgen (ww)	to follow ...	[tə 'fɒləʊ]
voorstellen (ww)	to propose (vt)	[tə prə'pəʊz]
voorzien (verwachten)	to expect (vt)	[tə ɪk'spekt]
vragen (ww)	to ask (vt)	[tə ɑːsk]

waarnemen (ww)	to observe (vt)	[tə əb'zɜːv]
waarschuwen (ww)	to warn (vt)	[tə wɔːn]
wachten (ww)	to wait (vt)	[tə weɪt]
weerspreken (ww)	to object (vi, vt)	[tə əb'dʒekt]
weigeren (ww)	to refuse (vi, vt)	[tə rɪ'fjuːz]

werken (ww)	to work (vi)	[tə wɜːk]
weten (ww)	to know (vt)	[tə nəʊ]
willen (verlangen)	to want (vt)	[tə wɒnt]
zeggen (ww)	to say (vt)	[tə seɪ]
zich haasten (ww)	to hurry (vi)	[tə 'hʌrɪ]

zich interesseren voor ...	to be interested in ...	[tə bi 'ɪntrestɪd ɪn]
zich vergissen (ww)	to make a mistake	[tə meɪk ə mɪ'steɪk]
zien (ww)	to see (vt)	[tə siː]

zijn (ww)	to be (vi)	[tə biː]
zoeken (ww)	to look for ...	[tə lʊk fɔː(r)]
zwemmen (ww)	to swim (vi)	[tə swɪm]
zwijgen (ww)	to keep silent	[tə kiːp 'saɪlənt]

12. Kleuren

kleur (de)	colour	['kʌlə(r)]
tint (de)	shade	[ʃeɪd]
kleurnuance (de)	hue	[hjuː]
regenboog (de)	rainbow	['reɪnbəʊ]

wit (bn)	white	[waɪt]
zwart (bn)	black	[blæk]
grijs (bn)	grey	[greɪ]

groen (bn)	green	[griːn]
geel (bn)	yellow	['jeləʊ]
rood (bn)	red	[red]

blauw (bn)	blue	[bluː]
lichtblauw (bn)	light blue	[ˌlaɪt 'bluː]
roze (bn)	pink	[pɪŋk]
oranje (bn)	orange	['ɒrɪndʒ]
violet (bn)	violet	['vaɪələt]
bruin (bn)	brown	[braʊn]

| goud (bn) | golden | ['gəʊldən] |
| zilverkleurig (bn) | silvery | ['sɪlvərɪ] |

beige (bn)	beige	[beɪʒ]
roomkleurig (bn)	cream	[kriːm]
turkoois (bn)	turquoise	['tɜːkwɔɪz]

kersrood (bn)	cherry red	['tʃerɪ red]
lila (bn)	lilac	['laɪlək]
karmijnrood (bn)	crimson	['krɪmzən]

licht (bn)	light	[laɪt]
donker (bn)	dark	[dɑːk]
fel (bn)	bright	[braɪt]

kleur-, kleurig (bn)	coloured	['kʌləd]
kleuren- (abn)	colour	['kʌlə(r)]
zwart-wit (bn)	black-and-white	[blæk ən waɪt]
eenkleurig (bn)	plain	[pleɪn]
veelkleurig (bn)	multicoloured	['mʌltɪˌkʌləd]

13. Vragen

Wie?	Who?	[huː]
Wat?	What?	[wɒt]
Waar?	Where?	[weə]
Waarheen?	Where?	[weə]
Waar ... vandaan?	From where?	[frəm weə(r)]
Wanneer?	When?	[wen]
Waarom?	Why?	[waɪ]

Waarvoor dan ook?	What for?	[wɒt fɔː(r)]
Hoe?	How?	[haʊ]
Welk?	Which?	[wɪtʃ]

Aan wie?	To whom?	[tə huːm]
Over wie?	About whom?	[ə'baʊt ˌhuːm]
Waarover?	About what?	[ə'baʊt ˌwɒt]
Met wie?	With whom?	[wɪð 'huːm]

Hoeveel? (telb.)	How many?	[ˌhaʊ 'menɪ]
Hoeveel? (ontelb.)	How much?	[ˌhaʊ 'mʌtʃ]
Van wie?	Whose?	[huːz]

14. Functiewoorden. Bijwoorden. Deel 1

Waar?	Where?	[weə]
hier (bw)	here	[hɪə(r)]
daar (bw)	there	[ðeə(r)]

| ergens (bw) | somewhere | ['sʌmweə(r)] |
| nergens (bw) | nowhere | ['nəʊweə(r)] |

| bij ... (in de buurt) | by | [baɪ] |
| bij het raam | by the window | [baɪ ðə 'wɪndəʊ] |

Waarheen?	Where?	[weə]
hierheen (bw)	here	[hɪə(r)]
daarheen (bw)	there	[ðeə(r)]

hiervandaan (bw)	from here	[frɒm hɪə(r)]
daarvandaan (bw)	from there	[frɒm ðeə(r)]
dichtbij (bw)	close	[kləʊs]
ver (bw)	far	[fɑ:(r)]
niet ver (bw)	not far	[nɒt fɑ:(r)]
linker (bn)	left	[left]
links (bw)	on the left	[ɒn ðə left]
linksaf, naar links (bw)	to the left	[tə ðə left]
rechter (bn)	right	[raɪt]
rechts (bw)	on the right	[ɒn ðə raɪt]
rechtsaf, naar rechts (bw)	to the right	[tə ðə raɪt]
vooraan (bw)	in front	[ɪn frʌnt]
voorste (bn)	front	[frʌnt]
vooruit (bw)	ahead	[ə'hed]
achter (bw)	behind	[bɪ'haɪnd]
van achteren (bw)	from behind	[frɒm bɪ'haɪnd]
achteruit (naar achteren)	back	[bæk]
midden (het)	middle	['mɪdəl]
in het midden (bw)	in the middle	[ɪn ðə 'mɪdəl]
opzij (bw)	at the side	[ət ðə saɪd]
overal (bw)	everywhere	['evrɪweə(r)]
omheen (bw)	around	[ə'raʊnd]
binnenuit (bw)	from inside	[frɒm ɪn'saɪd]
naar ergens (bw)	somewhere	['sʌmweə(r)]
rechtdoor (bw)	straight	[streɪt]
terug (bijv. ~ komen)	back	[bæk]
ergens vandaan (bw)	from anywhere	[frɒm 'enɪweə(r)]
ergens vandaan (en dit geld moet ~ komen)	from somewhere	[frɒm 'sʌmweə(r)]
ten eerste (bw)	firstly	['fɜ:stlɪ]
ten tweede (bw)	secondly	['sekəndlɪ]
ten derde (bw)	thirdly	['θɜ:dlɪ]
plotseling (bw)	suddenly	['sʌdənlɪ]
in het begin (bw)	at first	[ət fɜ:st]
voor de eerste keer (bw)	for the first time	[fɔ: ðə 'fɜ:st ˌtaɪm]
lang voor ... (bw)	long before ...	[lɒŋ bɪ'fɔ:(r)]
voor eeuwig (bw)	for good	[fɔ: 'gʊd]
nooit (bw)	never	['nevə(r)]
weer (bw)	again	[ə'gen]
nu (bw)	now	[naʊ]
vaak (bw)	often	['ɒfən]
toen (bw)	then	[ðen]
urgent (bw)	urgently	['ɜ:dʒəntlɪ]
meestal (bw)	usually	['ju:ʒəlɪ]

trouwens, ... (tussen haakjes)	by the way, ...	[baɪ ðə weɪ]
mogelijk (bw)	possible	['pɒsəbəl]
waarschijnlijk (bw)	probably	['prɒbəblɪ]
misschien (bw)	maybe	['meɪbiː]
trouwens (bw)	besides ...	[bɪ'saɪdz]
daarom ...	that's why ...	[ðæts waɪ]
in weerwil van ...	in spite of ...	[ɪn 'spaɪt əv]
dankzij ...	thanks to ...	['θæŋks tuː]

wat (vn)	what	[wɒt]
dat (vw)	that	[ðæt]
iets (vn)	something	['sʌmθɪŋ]
iets	anything, something	['enɪθɪŋ], ['sʌmθɪŋ]
niets (vn)	nothing	['nʌθɪŋ]

wie (~ is daar?)	who	[huː]
iemand (een onbekende)	someone	['sʌmwʌn]
iemand (een bepaald persoon)	somebody	['sʌmbədɪ]

niemand (vn)	nobody	['nəʊbədɪ]
nergens (bw)	nowhere	['nəʊweə(r)]
niemands (bn)	nobody's	['nəʊbədɪz]
iemands (bn)	somebody's	['sʌmbədɪz]

zo (Ik ben ~ blij)	so	[səʊ]
ook (evenals)	also	['ɔːlsəʊ]
alsook (eveneens)	too	[tuː]

15. Functiewoorden. Bijwoorden. Deel 2

Waarom?	Why?	[waɪ]
om een bepaalde reden	for some reason	[fɔː 'sʌm ˌriːzən]
omdat ...	because ...	[bɪ'kɒz]

en (vw)	and	[ænd]
of (vw)	or	[ɔː(r)]
maar (vw)	but	[bʌt]
voor (vz)	for	[fɔːr]

te (~ veel mensen)	too	[tuː]
alleen (bw)	only	['əʊnlɪ]
precies (bw)	exactly	[ɪg'zæktlɪ]
ongeveer (~ 10 kg)	about	[ə'baʊt]

omstreeks (bw)	approximately	[ə'prɒksɪmətlɪ]
bij benadering (bn)	approximate	[ə'prɒksɪmət]
bijna (bw)	almost	['ɔːlməʊst]
rest (de)	the rest	[ðə rest]

de andere (tweede)	the other	[ðə ʌðə(r)]
ander (bn)	other	['ʌðə(r)]
elk (bn)	each	[iːtʃ]

om het even welk	any	['enı]
veel (telb.)	many	['menı]
veel (ontelb.)	much	[mʌtʃ]
veel mensen	many people	[ˌmenı 'pi:pəl]
iedereen (alle personen)	all	[ɔ:l]

in ruil voor ...	in return for ...	[ın rı'tɜːn fɔː]
in ruil (bw)	in exchange	[ın ıks'tʃeındʒ]
met de hand (bw)	by hand	[baı hænd]
onwaarschijnlijk (bw)	hardly	['hɑːdlı]

waarschijnlijk (bw)	probably	['prɒbəblı]
met opzet (bw)	on purpose	[ɒn 'pɜːpəs]
toevallig (bw)	by accident	[baı 'æksıdənt]

zeer (bw)	very	['verı]
bijvoorbeeld (bw)	for example	[fɔːr ıg'zɑːmpəl]
tussen (~ twee steden)	between	[bı'twiːn]
tussen (te midden van)	among	[ə'mʌŋ]
zoveel (bw)	so much	[səu mʌtʃ]
vooral (bw)	especially	[ı'speʃəlı]

25

Basisbegrippen Deel 2

16. Dagen van de week

maandag (de)	Monday	['mʌndɪ]
dinsdag (de)	Tuesday	['tju:zdɪ]
woensdag (de)	Wednesday	['wenzdɪ]
donderdag (de)	Thursday	['θɜ:zdɪ]
vrijdag (de)	Friday	['fraɪdɪ]
zaterdag (de)	Saturday	['sætədɪ]
zondag (de)	Sunday	['sʌndɪ]
vandaag (bw)	today	[tə'deɪ]
morgen (bw)	tomorrow	[tə'mɒrəʊ]
overmorgen (bw)	the day after tomorrow	[ðə deɪ 'ɑ:ftə tə'mɒrəʊ]
gisteren (bw)	yesterday	['jestədɪ]
eergisteren (bw)	the day before yesterday	[ðə deɪ bɪ'fɔ: 'jestədɪ]
dag (de)	day	[deɪ]
werkdag (de)	working day	['wɜ:kɪŋ deɪ]
feestdag (de)	public holiday	['pʌblɪk 'hɒlɪdeɪ]
verlofdag (de)	day off	[,deɪ'ɒf]
weekend (het)	weekend	[,wi:k'end]
de hele dag (bw)	all day long	[ɔ:l 'deɪ ,lɒŋ]
de volgende dag (bw)	the next day	[ðə nekst deɪ]
twee dagen geleden	two days ago	[tu deɪz ə'gəʊ]
aan de vooravond (bw)	the day before	[ðə deɪ bɪ'fɔ:(r)]
dag-, dagelijks (bn)	daily	['deɪlɪ]
elke dag (bw)	every day	[,evrɪ 'deɪ]
week (de)	week	[wi:k]
vorige week (bw)	last week	[,lɑ:st 'wi:k]
volgende week (bw)	next week	[,nekst 'wi:k]
wekelijks (bn)	weekly	['wi:klɪ]
elke week (bw)	every week	[,evrɪ 'wi:k]
twee keer per week	twice a week	[,twaɪs ə 'wi:k]
elke dinsdag	every Tuesday	['evrɪ 'tju:zdɪ]

17. Uren. Dag en nacht

morgen (de)	morning	['mɔ:nɪŋ]
's morgens (bw)	in the morning	[ɪn ðə 'mɔ:nɪŋ]
middag (de)	noon, midday	[nu:n], ['mɪddeɪ]
's middags (bw)	in the afternoon	[ɪn ðə ,ɑ:ftə'nu:n]
avond (de)	evening	['i:vnɪŋ]
's avonds (bw)	in the evening	[ɪn ðɪ 'i:vnɪŋ]

nacht (de)	night	[naɪt]
's nachts (bw)	at night	[ət naɪt]
middernacht (de)	midnight	['mɪdnaɪt]

seconde (de)	second	['sekənd]
minuut (de)	minute	['mɪnɪt]
uur (het)	hour	['aʊə(r)]
halfuur (het)	half an hour	[ˌhɑːf ən 'aʊə(r)]
kwartier (het)	a quarter-hour	[ə 'kwɔːtər'aʊə(r)]
vijftien minuten	fifteen minutes	[fɪf'tiːn 'mɪnɪts]
etmaal (het)	twenty four hours	['twentɪ fɔːr'aʊəz]

zonsopgang (de)	sunrise	['sʌnraɪz]
dageraad (de)	dawn	[dɔːn]
vroege morgen (de)	early morning	['ɜːlɪ 'mɔːnɪŋ]
zonsondergang (de)	sunset	['sʌnset]

's morgens vroeg (bw)	early in the morning	['ɜːlɪ ɪn ðə 'mɔːnɪŋ]
vanmorgen (bw)	this morning	[ðɪs 'mɔːnɪŋ]
morgenochtend (bw)	tomorrow morning	[tə'mɒrəʊ 'mɔːnɪŋ]

vanmiddag (bw)	this afternoon	[ðɪs ˌɑːftə'nuːn]
's middags (bw)	in the afternoon	[ɪn ðə ˌɑːftə'nuːn]
morgenmiddag (bw)	tomorrow afternoon	[tə'mɒrəʊ ˌɑːftə'nuːn]

vanavond (bw)	tonight	[tə'naɪt]
morgenavond (bw)	tomorrow night	[tə'mɒrəʊ naɪt]

klokslag drie uur	at 3 o'clock sharp	[ət θri: ə'klɒk ʃɑːp]
ongeveer vier uur	about 4 o'clock	[ə'baʊt ˌfɔːrə'klɒk]
tegen twaalf uur	by 12 o'clock	[baɪ twelv ə'klɒk]

over twintig minuten	in 20 minutes	[ɪn 'twentɪ ˌmɪnɪts]
over een uur	in an hour	[ɪn ən 'aʊə(r)]
op tijd (bw)	on time	[ɒn 'taɪm]

kwart voor ...	a quarter to ...	[ə 'kwɔːtə tə]
binnen een uur	within an hour	[wɪ'ðɪn æn 'aʊə(r)]
elk kwartier	every 15 minutes	['evrɪ fɪf'tiːn 'mɪnɪts]
de klok rond	round the clock	['raʊnd ðə ˌklɒk]

18. Maanden. Seizoenen

januari (de)	January	['dʒænjʊərɪ]
februari (de)	February	['febrʊərɪ]
maart (de)	March	[mɑːtʃ]
april (de)	April	['eɪprəl]
mei (de)	May	[meɪ]
juni (de)	June	[dʒuːn]

juli (de)	July	[dʒuːˈlaɪ]
augustus (de)	August	['ɔːgəst]
september (de)	September	[sep'tembə(r)]
oktober (de)	October	[ɒk'təʊbə(r)]

| november (de) | November | [nəʊˈvembə(r)] |
| december (de) | December | [dɪˈsembə(r)] |

lente (de)	spring	[sprɪŋ]
in de lente (bw)	in spring	[ɪn sprɪŋ]
lente- (abn)	spring	[sprɪŋ]

zomer (de)	summer	[ˈsʌmə(r)]
in de zomer (bw)	in summer	[ɪn ˈsʌmə(r)]
zomer-, zomers (bn)	summer	[ˈsʌmə(r)]

herfst (de)	autumn	[ˈɔːtəm]
in de herfst (bw)	in autumn	[ɪn ˈɔːtəm]
herfst- (abn)	autumn	[ˈɔːtəm]

winter (de)	winter	[ˈwɪntə(r)]
in de winter (bw)	in winter	[ɪn ˈwɪntə(r)]
winter- (abn)	winter	[ˈwɪntə(r)]
maand (de)	month	[mʌnθ]
deze maand (bw)	this month	[ðɪs mʌnθ]
volgende maand (bw)	next month	[ˌnekst ˈmʌnθ]
vorige maand (bw)	last month	[ˌlɑːst ˈmʌnθ]

een maand geleden (bw)	a month ago	[əˌmʌnθ əˈgəʊ]
over een maand (bw)	in a month	[ɪn ə ˈmʌnθ]
over twee maanden (bw)	in two months	[ɪn ˌtuː ˈmʌnθs]
de hele maand (bw)	the whole month	[ðə ˌhəʊl ˈmʌnθ]
een volle maand (bw)	all month long	[ɔːl ˈmʌnθ ˌlɒŋ]

maand-, maandelijks (bn)	monthly	[ˈmʌnθlɪ]
maandelijks (bw)	monthly	[ˈmʌnθlɪ]
elke maand (bw)	every month	[ˌevrɪ ˈmʌnθ]
twee keer per maand	twice a month	[ˌtwaɪs ə ˈmʌnθ]

jaar (het)	year	[jɪə(r)]
dit jaar (bw)	this year	[ðɪs jɪə(r)]
volgend jaar (bw)	next year	[ˌnekst ˈjɪə(r)]
vorig jaar (bw)	last year	[ˌlɑːst ˈjɪə(r)]

een jaar geleden (bw)	a year ago	[ə jɪərəˈgəʊ]
over een jaar	in a year	[ɪn ə ˈjɪə(r)]
over twee jaar	in two years	[ɪn ˌtuː ˈjɪəz]
het hele jaar	the whole year	[ðə ˌhəʊl ˈjɪə(r)]
een vol jaar	all year long	[ɔːl ˈjɪə ˌlɒŋ]

elk jaar	every year	[ˌevrɪ ˈjɪə(r)]
jaar-, jaarlijks (bn)	annual	[ˈænjʊəl]
jaarlijks (bw)	annually	[ˈænjʊəlɪ]
4 keer per jaar	4 times a year	[fɔː taɪmz əjɪər]

datum (de)	date	[deɪt]
datum (de)	date	[deɪt]
kalender (de)	calendar	[ˈkælɪndə(r)]
een half jaar	half a year	[ˌhɑːf ə ˈjɪə(r)]
zes maanden	six months	[sɪks mʌnθs]
seizoen (bijv. lente, zomer)	season	[ˈsiːzən]

19. Tijd. Diversen

tijd (de)	time	[taɪm]
ogenblik (het)	instant	[ˈɪnstənt]
ogenblikkelijk (bn)	instant	[ˈɪnstənt]
tijdsbestek (het)	lapse	[læps]
leven (het)	life	[laɪf]
eeuwigheid (de)	eternity	[ɪˈtɜːnətɪ]

epoche (de), tijdperk (het)	epoch	[ˈiːpɒk]
era (de), tijdperk (het)	era	[ˈɪərə]
cyclus (de)	cycle	[ˈsaɪkəl]
periode (de)	period	[ˈpɪərɪəd]
termijn (vastgestelde periode)	term	[tɜːm]

toekomst (de)	the future	[ðə ˈfjuːtʃə(r)]
toekomstig (bn)	future	[ˈfjuːtʃə(r)]
de volgende keer	next time	[ˌnekst ˈtaɪm]
verleden (het)	the past	[ðə pɑːst]
vorig (bn)	past	[pɑːst]
de vorige keer	last time	[ˌlɑːst ˈtaɪm]

later (bw)	later	[ˈleɪtə(r)]
na (~ het diner)	after	[ˈɑːftə(r)]
tegenwoordig (bw)	nowadays	[ˈnaʊədeɪz]
nu (bw)	now	[naʊ]
onmiddellijk (bw)	immediately	[ɪˈmiːdjətlɪ]
snel (bw)	soon	[suːn]
bij voorbaat (bw)	in advance	[ɪn ədˈvɑːns]

lang geleden (bw)	a long time ago	[əˌlɒŋ ˈtaɪm əˈɡəʊ]
kort geleden (bw)	recently	[ˈriːsəntlɪ]
noodlot (het)	destiny	[ˈdestɪnɪ]
herinneringen (mv.)	memories	[ˈmemərɪz]
archief (het)	archives	[ˈɑːkaɪvz]

tijdens … (ten tijde van)	during …	[ˈdjʊərɪŋ]
lang (bw)	long, a long time	[lɒŋ], [ə lɒŋ taɪm]
niet lang (bw)	not long	[nɒt lɒŋ]
vroeg (bijv. ~ in de ochtend)	early	[ˈɜːlɪ]
laat (bw)	late	[leɪt]

voor altijd (bw)	forever	[fəˈrevə(r)]
beginnen (ww)	to start (vt)	[tə stɑːt]
uitstellen (ww)	to postpone (vt)	[tə ˌpəʊstˈpəʊn]

tegelijkertijd (bw)	at the same time	[ət ðə ˈseɪm ˌtaɪm]
voortdurend (bw)	permanently	[ˈpɜːmənəntlɪ]

constant (bijv. ~ lawaai)	constant	[ˈkɒnstənt]
tijdelijk (bn)	temporary	[ˈtempərərɪ]

soms (bw)	sometimes	[ˈsʌmtaɪmz]
zelden (bw)	rarely	[ˈreəlɪ]
vaak (bw)	often	[ˈɒfən]

20. Tegenovergestelden

rijk (bn)	rich	[rɪtʃ]
arm (bn)	poor	[pʊə(r)]
ziek (bn)	ill, sick	[ɪl], [sɪk]
gezond (bn)	well	[wel]
groot (bn)	big	[bɪg]
klein (bn)	small	[smɔːl]
snel (bw)	quickly	['kwɪklɪ]
langzaam (bw)	slowly	['sləʊlɪ]
snel (bn)	fast	[fɑːst]
langzaam (bn)	slow	[sləʊ]
vrolijk (bn)	glad	[glæd]
treurig (bn)	sad	[sæd]
samen (bw)	together	[tə'geðə(r)]
apart (bw)	separately	['sepərətlɪ]
hardop (~ lezen)	aloud	[ə'laʊd]
stil (~ lezen)	silently	['saɪləntlɪ]
hoog (bn)	tall	[tɔːl]
laag (bn)	low	[ləʊ]
diep (bn)	deep	[diːp]
ondiep (bn)	shallow	['ʃæləʊ]
ja	yes	[jes]
nee	no	[nəʊ]
ver (bn)	distant	['dɪstənt]
dicht (bn)	nearby	['nɪəbaɪ]
ver (bw)	far	[fɑː(r)]
dichtbij (bw)	nearby	[ˌnɪə'baɪ]
lang (bn)	long	[lɒŋ]
kort (bn)	short	[ʃɔːt]
vriendelijk (goedhartig)	good	[gʊd]
kwaad (bn)	evil	['iːvəl]
gehuwd (mann.)	married	['mærɪd]
ongehuwd (mann.)	single	['sɪŋgəl]
verbieden (ww)	to forbid (vt)	[tə fə'bɪd]
toestaan (ww)	to permit (vt)	[tə pə'mɪt]
einde (het)	end	[end]
begin (het)	beginning	[bɪ'gɪnɪŋ]

| linker (bn) | left | [left] |
| rechter (bn) | right | [raɪt] |

| eerste (bn) | first | [fɜ:st] |
| laatste (bn) | last | [lɑ:st] |

| misdaad (de) | crime | [kraɪm] |
| bestraffing (de) | punishment | ['pʌnɪʃmənt] |

| bevelen (ww) | to order (vt) | [tə 'ɔ:də(r)] |
| gehoorzamen (ww) | to obey (vi, vt) | [tə ə'beɪ] |

| recht (bn) | straight | [streɪt] |
| krom (bn) | curved | [kɜ:vd] |

| paradijs (het) | paradise | ['pærədaɪs] |
| hel (de) | hell | [hel] |

| geboren worden (ww) | to be born | [tə bi bɔ:n] |
| sterven (ww) | to die (vi) | [tə daɪ] |

| sterk (bn) | strong | [strɒŋ] |
| zwak (bn) | weak | [wi:k] |

| oud (bn) | old | [əʊld] |
| jong (bn) | young | [jʌŋ] |

| oud (bn) | old | [əʊld] |
| nieuw (bn) | new | [nju:] |

| hard (bn) | hard | [hɑ:d] |
| zacht (bn) | soft | [sɒft] |

| warm (bn) | warm | [wɔ:m] |
| koud (bn) | cold | [kəʊld] |

| dik (bn) | fat | [fæt] |
| dun (bn) | thin | [θɪn] |

| smal (bn) | narrow | ['nærəʊ] |
| breed (bn) | wide | [waɪd] |

| goed (bn) | good | [gʊd] |
| slecht (bn) | bad | [bæd] |

| moedig (bn) | brave | [breɪv] |
| laf (bn) | cowardly | ['kaʊədlɪ] |

21. Lijnen en vormen

vierkant (het)	square	[skweə(r)]
vierkant (bn)	square	[skweə(r)]
cirkel (de)	circle	['sɜ:kəl]
rond (bn)	round	[raʊnd]

| driehoek (de) | triangle | ['traɪæŋgəl] |
| driehoekig (bn) | triangular | [traɪ'æŋgjʊlə(r)] |

ovaal (het)	oval	['əʊvəl]
ovaal (bn)	oval	['əʊvəl]
rechthoek (de)	rectangle	['rek͵tæŋgəl]
rechthoekig (bn)	rectangular	[͵rek'tæŋgjʊlə(r)]

piramide (de)	pyramid	['pɪrəmɪd]
ruit (de)	rhombus	['rɒmbəs]
trapezium (het)	trapezium	[trə'piːzɪəm]
kubus (de)	cube	[kjuːb]
prisma (het)	prism	['prɪzəm]

omtrek (de)	circumference	[sə'kʌmfərəns]
bol, sfeer (de)	sphere	[sfɪə(r)]
bal (de)	ball	[bɔːl]
diameter (de)	diameter	[daɪ'æmɪtə(r)]
straal (de)	radius	['reɪdɪəs]
omtrek (~ van een cirkel)	perimeter	[pə'rɪmɪtə(r)]
middelpunt (het)	centre	['sentə(r)]

horizontaal (bn)	horizontal	[͵hɒrɪ'zɒntəl]
verticaal (bn)	vertical	['vɜːtɪkəl]
parallel (de)	parallel	['pærəlel]
parallel (bn)	parallel	['pærəlel]

lijn (de)	line	[laɪn]
streep (de)	stroke	[strəʊk]
rechte lijn (de)	straight line	['streɪt ͵laɪn]
kromme (de)	curve	[kɜːv]
dun (bn)	thin	[θɪn]
omlijning (de)	contour	['kɒntʊə(r)]

snijpunt (het)	intersection	[͵ɪntə'sekʃən]
rechte hoek (de)	right angle	[raɪt 'æŋgəl]
segment (het)	segment	['segmənt]
sector (de)	sector	['sektə(r)]
zijde (de)	side	[saɪd]
hoek (de)	angle	['æŋgəl]

22. Meeteenheden

gewicht (het)	weight	[weɪt]
lengte (de)	length	[leŋθ]
breedte (de)	width	[wɪdθ]
hoogte (de)	height	[haɪt]
diepte (de)	depth	[depθ]
volume (het)	volume	['vɒljuːm]
oppervlakte (de)	area	['eərɪə]

gram (het)	gram	[græm]
milligram (het)	milligram	['mɪlɪgræm]
kilogram (het)	kilogram	['kɪlə͵græm]

ton (duizend kilo)	ton	[tʌn]
pond (het)	pound	[paʊnd]
ons (het)	ounce	[aʊns]

meter (de)	metre	['miːtə(r)]
millimeter (de)	millimetre	['mɪlɪˌmiːtə(r)]
centimeter (de)	centimetre	['sentɪˌmiːtə(r)]
kilometer (de)	kilometre	['kɪləˌmiːtə(r)]
mijl (de)	mile	[maɪl]

duim (de)	inch	[ɪntʃ]
voet (de)	foot	[fʊt]
yard (de)	yard	[jɑːd]

| vierkante meter (de) | square metre | [skweə 'miːtə(r)] |
| hectare (de) | hectare | ['hekteə(r)] |

liter (de)	litre	['liːtə(r)]
graad (de)	degree	[dɪ'griː]
volt (de)	volt	[vəʊlt]
ampère (de)	ampere	['æmpeə(r)]
paardenkracht (de)	horsepower	['hɔːsˌpaʊə(r)]

hoeveelheid (de)	quantity	['kwɒntɪtɪ]
een beetje ...	a little bit of ...	[ə 'lɪtəl bɪt əv]
helft (de)	half	[hɑːf]
dozijn (het)	dozen	['dʌzən]
stuk (het)	piece	[piːs]

| afmeting (de) | size | [saɪz] |
| schaal (bijv. ~ van 1 op 50) | scale | [skeɪl] |

minimaal (bn)	minimal	['mɪnɪməl]
minste (bn)	the smallest	[ðə 'smɔːləst]
medium (bn)	medium	['miːdɪəm]
maximaal (bn)	maximal	['mæksɪməl]
grootste (bn)	the largest	[ðə 'lɑːdʒɪst]

23. Containers

glazen pot (de)	jar	[dʒɑː(r)]
blik (conserven~)	tin	[tɪn]
emmer (de)	bucket	['bʌkɪt]
ton (bijv. regenton)	barrel	['bærəl]

ronde waterbak (de)	basin	['beɪsən]
tank (bijv. watertank-70-ltr)	tank	[tæŋk]
heupfles (de)	hip flask	[hɪp flɑːsk]
jerrycan (de)	jerrycan	['dʒerɪkæn]
tank (bijv. ketelwagen)	cistern	['sɪstən]

beker (de)	mug	[mʌg]
kopje (het)	cup	[kʌp]
schoteltje (het)	saucer	['sɔːsə(r)]

glas (het)	glass	[glɑ:s]
wijnglas (het)	glass	[glɑ:s]
steelpan (de)	saucepan	['sɔ:spən]

fles (de)	bottle	['bɒtəl]
flessenhals (de)	neck	[nek]

karaf (de)	carafe	[kə'ræf]
kruik (de)	jug	[dʒʌg]
vat (het)	vessel	['vesəl]
pot (de)	pot	[pɒt]
vaas (de)	vase	[vɑ:z]

flacon (de)	bottle	['bɒtəl]
flesje (het)	vial, small bottle	['vaɪəl], [smɔ:l 'bɒtəl]
tube (bijv. ~ tandpasta)	tube	[tju:b]

zak (bijv. ~ aardappelen)	sack	[sæk]
tasje (het)	bag	[bæg]
pakje (~ sigaretten, enz.)	packet	['pækɪt]

doos (de)	box	[bɒks]
kist (de)	box	[bɒks]
mand (de)	basket	['bɑ:skɪt]

24. Materialen

materiaal (het)	material	[mə'tɪərɪəl]
hout (het)	wood	[wʊd]
houten (bn)	wooden	['wʊdən]

glas (het)	glass	[glɑ:s]
glazen (bn)	glass	[glɑ:s]

steen (de)	stone	[stəʊn]
stenen (bn)	stone	[stəʊn]

plastic (het)	plastic	['plæstɪk]
plastic (bn)	plastic	['plæstɪk]

rubber (het)	rubber	['rʌbə(r)]
rubber-, rubberen (bn)	rubber	['rʌbə(r)]

stof (de)	material, fabric	[mə'tɪərɪəl], ['fæbrɪk]
van stof (bn)	fabric	['fæbrɪk]

papier (het)	paper	['peɪpə(r)]
papieren (bn)	paper	['peɪpə(r)]

karton (het)	cardboard	['kɑ:dbɔ:d]
kartonnen (bn)	cardboard	['kɑ:dbɔ:d]

polyethyleen (het)	polyethylene	[ˌpɒlɪ'eθɪli:n]
cellofaan (het)	cellophane	['seləfeɪn]

multiplex (het)	plywood	['plaɪwʊd]
porselein (het)	porcelain	['pɔ:səlɪn]
porseleinen (bn)	porcelain	['pɔ:səlɪn]
klei (de)	clay	[kleɪ]
klei-, van klei (bn)	clay	[kleɪ]
keramiek (de)	ceramic	[sɪ'ræmɪk]
keramieken (bn)	ceramic	[sɪ'ræmɪk]

25. Metalen

metaal (het)	metal	['metəl]
metalen (bn)	metal	['metəl]
legering (de)	alloy	['ælɔɪ]

goud (het)	gold	[gəʊld]
gouden (bn)	gold, golden	[gəʊld], ['gəʊldən]
zilver (het)	silver	['sɪlvə(r)]
zilveren (bn)	silver	['sɪlvə(r)]

IJzer (het)	iron	['aɪən]
IJzeren (bn)	iron-, made of iron	['aɪrən], [meɪd əv 'aɪrən]
staal (het)	steel	[sti:l]
stalen (bn)	steel	[sti:l]
koper (het)	copper	['kɒpə(r)]
koperen (bn)	copper	['kɒpə(r)]

aluminium (het)	aluminium	[ˌæljʊ'mɪnɪəm]
aluminium (bn)	aluminium	[ˌæljʊ'mɪnɪəm]
brons (het)	bronze	[brɒnz]
bronzen (bn)	bronze	[brɒnz]

messing (het)	brass	[brɑ:s]
nikkel (het)	nickel	['nɪkəl]
platina (het)	platinum	['plætɪnəm]
kwik (het)	mercury	['mɜ:kjʊrɪ]
tin (het)	tin	[tɪn]
lood (het)	lead	[led]
zink (het)	zinc	[zɪŋk]

MENS

Mens. Het lichaam

26. Mensen. Basisbegrippen

mens (de)	human being	['hju:mən 'bi:ɪŋ]
man (de)	man	[mæn]
vrouw (de)	woman	['wʊmən]
kind (het)	child	[tʃaɪld]

meisje (het)	girl	[gɜ:l]
jongen (de)	boy	[bɔɪ]
tiener, adolescent (de)	teenager	['ti:n͵eɪdʒə(r)]
oude man (de)	old man	['əʊld ͵mæn]
oude vrouw (de)	old woman	['əʊld ͵wʊmən]

27. Menselijke anatomie

organisme (het)	organism	['ɔ:gənɪzəm]
hart (het)	heart	[hɑ:t]
bloed (het)	blood	[blʌd]
slagader (de)	artery	['ɑ:tərɪ]
ader (de)	vein	[veɪn]

hersenen (mv.)	brain	[breɪn]
zenuw (de)	nerve	[nɜ:v]
zenuwen (mv.)	nerves	[nɜ:vz]
wervel (de)	vertebra	['vɜ:tɪbrə]
ruggengraat (de)	spine	[spaɪn]

maag (de)	stomach	['stʌmək]
darmen (mv.)	intestines	[ɪn'testɪnz]
darm (de)	intestine	[ɪn'testɪn]
lever (de)	liver	['lɪvə(r)]
nier (de)	kidney	['kɪdnɪ]

been (deel van het skelet)	bone	[bəʊn]
skelet (het)	skeleton	['skelɪtən]
rib (de)	rib	[rɪb]
schedel (de)	skull	[skʌl]

spier (de)	muscle	['mʌsəl]
biceps (de)	biceps	['baɪseps]
triceps (de)	triceps	['traɪseps]
pees (de)	tendon	['tendən]
gewricht (het)	joint	[dʒɔɪnt]

longen (mv.)	lungs	[lʌŋz]
geslachtsorganen (mv.)	genitals	['dʒenɪtəlz]
huid (de)	skin	[skɪn]

28. Hoofd

hoofd (het)	head	[hed]
gezicht (het)	face	[feɪs]
neus (de)	nose	[nəʊz]
mond (de)	mouth	[maʊθ]

oog (het)	eye	[aɪ]
ogen (mv.)	eyes	[aɪz]
pupil (de)	pupil	['pjuːpəl]
wenkbrauw (de)	eyebrow	['aɪbraʊ]
wimper (de)	eyelash	['aɪlæʃ]
ooglid (het)	eyelid	['aɪlɪd]

tong (de)	tongue	[tʌŋ]
tand (de)	tooth	[tuːθ]
lippen (mv.)	lips	[lɪps]
jukbeenderen (mv.)	cheekbones	['tʃiːkbəʊnz]
tandvlees (het)	gum	[gʌm]
gehemelte (het)	palate	['pælət]

neusgaten (mv.)	nostrils	['nɒstrɪlz]
kin (de)	chin	[tʃɪn]
kaak (de)	jaw	[dʒɔː]
wang (de)	cheek	[tʃiːk]

voorhoofd (het)	forehead	['fɔːhed]
slaap (de)	temple	['tempəl]
oor (het)	ear	[ɪə(r)]
achterhoofd (het)	back of the head	['bæk əv ðə ˌhed]
hals (de)	neck	[nek]
keel (de)	throat	[θrəʊt]

haren (mv.)	hair	[heə(r)]
kapsel (het)	hairstyle	['heəstaɪl]
haarsnit (de)	haircut	['heəkʌt]
pruik (de)	wig	[wɪg]

snor (de)	moustache	[məˈstɑːʃ]
baard (de)	beard	[bɪəd]
dragen (een baard, enz.)	to have (vt)	[tə hæv]
vlecht (de)	plait	[plæt]
bakkebaarden (mv.)	sideboards	['saɪdbɔːdz]

ros (roodachtig, rossig)	red-haired	['red ˌheəd]
grijs (~ haar)	grey	[greɪ]
kaal (bn)	bald	[bɔːld]
kale plek (de)	bald patch	[bɔːld pætʃ]
paardenstaart (de)	ponytail	['pəʊnɪteɪl]
pony (de)	fringe	[frɪndʒ]

37

29. Menselijk lichaam

hand (de)	hand	[hænd]
arm (de)	arm	[ɑːm]

vinger (de)	finger	['fɪŋgə(r)]
duim (de)	thumb	[θʌm]
pink (de)	little finger	[ˌlɪtəl 'fɪŋgə(r)]
nagel (de)	nail	[neɪl]

vuist (de)	fist	[fɪst]
handpalm (de)	palm	[pɑːm]
pols (de)	wrist	[rɪst]
voorarm (de)	forearm	['fɔːrˌɑːm]
elleboog (de)	elbow	['elbəʊ]
schouder (de)	shoulder	['ʃəʊldə(r)]

been (rechter ~)	leg	[leg]
voet (de)	foot	[fʊt]
knie (de)	knee	[niː]
kuit (de)	calf	[kɑːf]
heup (de)	hip	[hɪp]
hiel (de)	heel	[hiːl]

lichaam (het)	body	['bɒdɪ]
buik (de)	stomach	['stʌmək]
borst (de)	chest	[tʃest]
borst (de)	breast	[brest]
zijde (de)	flank	[flæŋk]
rug (de)	back	[bæk]
lage rug (de)	lower back	['ləʊə bæk]
taille (de)	waist	[weɪst]

navel (de)	navel	['neɪvəl]
billen (mv.)	buttocks	['bʌtəks]
achterwerk (het)	bottom	['bɒtəm]

huidvlek (de)	beauty mark	['bjuːtɪ mɑːk]
tatoeage (de)	tattoo	[təˈtuː]
litteken (het)	scar	[skɑː(r)]

Kleding en accessoires

30. Bovenkleding. Jassen

kleren (mv.), kleding (de)	clothes	[kləʊðz]
bovenkleding (de)	outer clothes	['aʊtə kləʊðz]
winterkleding (de)	winter clothes	['wɪntə kləʊðz]

jas (de)	overcoat	['əʊvəkəʊt]
bontjas (de)	fur coat	['fɜ:ˌkəʊt]
bontjasje (het)	fur jacket	['fɜ: 'dʒækɪt]
donzen jas (de)	down coat	['daʊn ˌkəʊt]

jasje (bijv. een leren ~)	jacket	['dʒækɪt]
regenjas (de)	raincoat	['reɪnkəʊt]
waterdicht (bn)	waterproof	['wɔ:təpru:f]

31. Heren & dames kleding

overhemd (het)	shirt	[ʃɜ:t]
broek (de)	trousers	['traʊzəz]
jeans (de)	jeans	[dʒi:nz]
colbert (de)	jacket	['dʒækɪt]
kostuum (het)	suit	[su:t]

jurk (de)	dress	[dres]
rok (de)	skirt	[skɜ:t]
blouse (de)	blouse	[blaʊz]
wollen vest (de)	knitted jacket	['nɪtɪd 'dʒækɪt]
blazer (kort jasje)	jacket	['dʒækɪt]

T-shirt (het)	T-shirt	['ti:ˌʃɜ:t]
shorts (mv.)	shorts	[ʃɔ:ts]
trainingspak (het)	tracksuit	['træksu:t]
badjas (de)	bathrobe	['bɑ:θrəʊb]
pyjama (de)	pyjamas	[pə'dʒɑ:məz]

sweater (de)	sweater	['swetə(r)]
pullover (de)	pullover	['pʊlˌəʊvə(r)]

gilet (het)	waistcoat	['weɪskəʊt]
rokkostuum (het)	tailcoat	[ˌteɪl'kəʊt]
smoking (de)	dinner suit	['dɪnə su:t]

uniform (het)	uniform	['ju:nɪfɔ:m]
werkkleding (de)	workwear	[wɜ:kweə(r)]
overall (de)	boiler suit	['bɔɪlə su:t]
doktersjas (de)	coat	[kəʊt]

32. Kleding. Ondergoed

ondergoed (het)	underwear	['ʌndəweə(r)]
onderhemd (het)	vest	[vest]
sokken (mv.)	socks	[sɒks]

nachthemd (het)	nightgown	['naɪtgaʊn]
beha (de)	bra	[brɑ:]
kniekousen (mv.)	knee highs	['ni: ˌhaɪs]
panty (de)	tights	[taɪts]
nylonkousen (mv.)	stockings	['stɒkɪŋz]
badpak (het)	swimsuit, bikini	['swɪmsu:t], [bɪ'ki:nɪ]

33. Hoofddeksels

hoed (de)	hat	[hæt]
deukhoed (de)	trilby hat	['trɪlbɪ hæt]
honkbalpet (de)	baseball cap	['beɪsbɔ:l kæp]
kleppet (de)	flatcap	[flæt kæp]

baret (de)	beret	['bereɪ]
kap (de)	hood	[hʊd]
panamahoed (de)	panama	['pænəmɑ:]
gebreide muts (de)	knitted hat	['nɪtɪdˌhæt]

hoofddoek (de)	headscarf	['hedskɑ:f]
dameshoed (de)	women's hat	['wɪmɪns hæt]

veiligheidshelm (de)	hard hat	[hɑ:d hæt]
veldmuts (de)	forage cap	['fɒrɪdʒ kæp]
helm, valhelm (de)	helmet	['helmɪt]

bolhoed (de)	bowler	['bəʊlə(r)]
hoge hoed (de)	top hat	[tɒp hæt]

34. Schoeisel

schoeisel (het)	footwear	['fʊtweə(r)]
schoenen (mv.)	ankle boots	['æŋkəl bu:ts]
vrouwenschoenen (mv.)	shoes	[ʃu:z]
laarzen (mv.)	boots	[bu:ts]
pantoffels (mv.)	slippers	['slɪpəz]

sportschoenen (mv.)	trainers	['treɪnəz]
sneakers (mv.)	plimsolls, pumps	['plɪmsəlz], [pʌmps]
sandalen (mv.)	sandals	['sændəlz]

schoenlapper (de)	cobbler	['kɒblə(r)]
hiel (de)	heel	[hi:l]
paar (een ~ schoenen)	pair	[peə(r)]
veter (de)	shoelace	['ʃu:leɪs]

rijgen (schoenen ~)	to lace up (vt)	[tə leıs ʌp]
schoenlepel (de)	shoehorn	[ˈʃuːhɔːn]
schoensmeer (de/het)	shoe polish	[ʃuː ˈpɒlıʃ]

35. Textiel. Weefsel

| katoen (de/het) | cotton | [ˈkɒtən] |
| vlas (het) | flax | [flæks] |

zijde (de)	silk	[sılk]
zijden (bn)	silk	[sılk]
wol (de)	wool	[wʊl]
wollen (bn)	woollen	[ˈwʊlən]

fluweel (het)	velvet	[ˈvelvıt]
suède (de)	suede	[sweıd]
ribfluweel (het)	corduroy	[ˈkɒːdərɔı]

nylon (de/het)	nylon	[ˈnaılɒn]
nylon-, van nylon (bn)	nylon	[ˈnaılɒn]
polyester (het)	polyester	[ˌpɒlıˈestə(r)]
polyester- (abn)	polyester	[ˌpɒlıˈestə(r)]

leer (het)	leather	[ˈleðə(r)]
leren (van leer gemaak)	leather	[ˈleðə(r)]
bont (het)	fur	[fɜː(r)]
bont- (abn)	fur	[fɜː(r)]

36. Persoonlijke accessoires

handschoenen (mv.)	gloves	[glʌvz]
wanten (mv.)	mittens	[ˈmıtənz]
sjaal (fleece ~)	scarf	[skɑːf]

bril (de)	glasses	[glɑːsız]
brilmontuur (het)	frame	[freım]
paraplu (de)	umbrella	[ʌmˈbrelə]
wandelstok (de)	walking stick	[ˈwɔːkıŋ stık]
haarborstel (de)	hairbrush	[ˈheəbrʌʃ]
waaier (de)	fan	[fæn]

das (de)	tie	[taı]
strikje (het)	bow tie	[bəʊ taı]
bretels (mv.)	braces	[ˈbreısız]
zakdoek (de)	handkerchief	[ˈhæŋkətʃıf]

kam (de)	comb	[kəʊm]
haarspeldje (het)	hair slide	[ˈheəˌslaıd]
schuifspeldje (het)	hairpin	[ˈheəpın]
gesp (de)	buckle	[ˈbʌkəl]
broekriem (de)	belt	[belt]
draagriem (de)	shoulder strap	[ˈʃəʊldə stræp]

handtas (de)	bag	[bæg]
damestas (de)	handbag	['hændbæg]
rugzak (de)	rucksack	['rʌksæk]

37. Kleding. Diversen

mode (de)	fashion	['fæʃən]
de mode (bn)	in vogue	[ɪn vəʊg]
kledingstilist (de)	fashion designer	['fæʃən dɪ'zaɪnə(r)]

kraag (de)	collar	['kɒlə(r)]
zak (de)	pocket	['pɒkɪt]
zak- (abn)	pocket	['pɒkɪt]
mouw (de)	sleeve	[sliːv]
lusje (het)	hanging loop	['hæŋɪŋ luːp]
gulp (de)	flies	[flaɪz]

rits (de)	zip	[zɪp]
sluiting (de)	fastener	['fɑːsənə(r)]
knoop (de)	button	['bʌtən]
knoopsgat (het)	buttonhole	['bʌtənhəʊl]
losraken (bijv. knopen)	to come off	[tə kʌm ɒf]

naaien (kleren, enz.)	to sew (vi, vt)	[tə səʊ]
borduren (ww)	to embroider (vi, vt)	[tə ɪm'brɔɪdə(r)]
borduursel (het)	embroidery	[ɪm'brɔɪdərɪ]
naald (de)	sewing needle	['niːdəl]
draad (de)	thread	[θred]
naad (de)	seam	[siːm]

vies worden (ww)	to get dirty (vi)	[tə get 'dɜːtɪ]
vlek (de)	stain	[steɪn]
gekreukt raken (ov. kleren)	to crease, crumple (vi)	[tə kriːs], ['krʌmpəl]
scheuren (ov.ww.)	to tear, to rip (vt)	[tə teər], [tə rɪp]
mot (de)	clothes moth	[kləʊðz mɒθ]

38. Persoonlijke verzorging. Schoonheidsmiddelen

tandpasta (de)	toothpaste	['tuːθpeɪst]
tandenborstel (de)	toothbrush	['tuːθbrʌʃ]
tanden poetsen (ww)	to clean one's teeth	[tə kliːn wʌns 'tiːθ]

scheermes (het)	razor	['reɪzə(r)]
scheerschuim (het)	shaving cream	['ʃeɪvɪŋ ˌkriːm]
zich scheren (ww)	to shave (vi)	[tə ʃeɪv]

zeep (de)	soap	[səʊp]
shampoo (de)	shampoo	[ʃæm'puː]

schaar (de)	scissors	['sɪzəz]
nagelvijl (de)	nail file	['neɪl ˌfaɪl]
nagelknipper (de)	nail clippers	[neɪl 'klɪpərz]

pincet (het)	tweezers	['twi:zəz]
cosmetica (de)	cosmetics	[kɒz'metɪks]
masker (het)	face mask	[feɪs mɑ:sk]
manicure (de)	manicure	['mænɪ,kjʊə(r)]
manicure doen	to have a manicure	[tə hævə 'mænɪ,kjʊə]
pedicure (de)	pedicure	['pedɪ,kjʊə(r)]

cosmetica tasje (het)	make-up bag	['meɪk ʌp ˌbæg]
poeder (de/het)	face powder	[feɪs 'paʊdə(r)]
poederdoos (de)	powder compact	['paʊdə 'kɒmpækt]
rouge (de)	blusher	['blʌʃə(r)]

parfum (de/het)	perfume	['pɜ:fju:m]
eau de toilet (de)	toilet water	['tɔɪlɪt 'wɔ:tə(r)]
lotion (de)	lotion	['ləʊʃən]
eau de cologne (de)	cologne	[kə'ləʊn]

oogschaduw (de)	eyeshadow	['aɪʃædəʊ]
oogpotlood (het)	eyeliner	['aɪˌlaɪnə(r)]
mascara (de)	mascara	[mæs'kɑ:rə]

lippenstift (de)	lipstick	['lɪpstɪk]
nagellak (de)	nail polish	['neɪl ˌpɒlɪʃ]
haarlak (de)	hair spray	['heəspreɪ]
deodorant (de)	deodorant	[di:'əʊdərənt]

crème (de)	cream	[kri:m]
gezichtscrème (de)	face cream	['feɪs ˌkri:m]
handcrème (de)	hand cream	['hænd,kri:m]
antirimpelcrème (de)	anti-wrinkle cream	['æntɪ 'rɪŋkəl kri:m]
dagcrème (de)	day cream	['deɪ ˌkri:m]
nachtcrème (de)	night cream	['naɪt ˌkri:m]

tampon (de)	tampon	['tæmpɒn]
toiletpapier (het)	toilet paper	['tɔɪlɪt 'peɪpə(r)]
föhn (de)	hair dryer	['heəˌdraɪə(r)]

39. Juwelen

sieraden (mv.)	jewellery	['dʒu:əlrɪ]
edel (bijv. ~ stenen)	precious	['preʃəs]
keurmerk (het)	hallmark	['hɔ:lmɑ:k]

ring (de)	ring	[rɪŋ]
trouwring (de)	wedding ring	['wedɪŋ rɪŋ]
armband (de)	bracelet	['breɪslɪt]

oorringen (mv.)	earrings	['ɪərɪŋz]
halssnoer (het)	necklace	['neklɪs]
kroon (de)	crown	[kraʊn]
kralen snoer (het)	bead necklace	[bi:d 'neklɪs]

| diamant (de) | diamond | ['daɪəmənd] |
| smaragd (de) | emerald | ['emərəld] |

robijn (de)	ruby	['ruːbɪ]
saffier (de)	sapphire	['sæfaɪə(r)]
parel (de)	pearl	[pɜːl]
barnsteen (de)	amber	['æmbə(r)]

40. Horloges. Klokken

polshorloge (het)	watch	[wɒtʃ]
wijzerplaat (de)	dial	['daɪəl]
wijzer (de)	hand	[hænd]
metalen horlogeband (de)	bracelet	['breɪslɪt]
horlogebandje (het)	watch strap	[wɒtʃ stræp]

batterij (de)	battery	['bætərɪ]
leeg zijn (ww)	to be flat	[tə bi flæt]
batterij vervangen	to change a battery	[tə tʃeɪndʒ ə 'bætərɪ]
voorlopen (ww)	to run fast	[tə rʌn fɑːst]
achterlopen (ww)	to run slow	[tə rʌn sləʊ]

wandklok (de)	wall clock	['wɔːl ˌklɒk]
zandloper (de)	hourglass	['aʊəglɑːs]
zonnewijzer (de)	sundial	['sʌndaɪəl]
wekker (de)	alarm clock	[ə'lɑːm klɒk]
horlogemaker (de)	watchmaker	['wɒtʃˌmeɪkə(r)]
repareren (ww)	to repair (vt)	[tə rɪ'peə(r)]

Voedsel. Voeding

41. Voedsel

vlees (het)	meat	[miːt]
kip (de)	chicken	['tʃɪkɪn]
kuiken (het)	poussin	['puːsæn]
eend (de)	duck	[dʌk]
gans (de)	goose	[guːs]
wild (het)	game	[geɪm]
kalkoen (de)	turkey	['tɜːkɪ]
varkensvlees (het)	pork	[pɔːk]
kalfsvlees (het)	veal	[viːl]
schapenvlees (het)	lamb	[læm]
rundvlees (het)	beef	[biːf]
konijnenvlees (het)	rabbit	['ræbɪt]
worst (de)	sausage	['sɒsɪdʒ]
saucijs (de)	vienna sausage	[vɪ'enə 'sɒsɪdʒ]
spek (het)	bacon	['beɪkən]
ham (de)	ham	[hæm]
gerookte achterham (de)	gammon	['gæmən]
paté, pastei (de)	pâté	['pæteɪ]
lever (de)	liver	['lɪvə(r)]
varkensvet (het)	lard	[lɑːd]
gehakt (het)	mince	[mɪns]
tong (de)	tongue	[tʌŋ]
ei (het)	egg	[eg]
eieren (mv.)	eggs	[egz]
eiwit (het)	egg white	['eg ˌwaɪt]
eigeel (het)	egg yolk	['eg jəʊk]
vis (de)	fish	[fɪʃ]
zeevruchten (mv.)	seafood	['siːfuːd]
schaaldieren (mv.)	crustaceans	[krʌ'steɪʃənz]
kaviaar (de)	caviar	['kævɪɑː(r)]
krab (de)	crab	[kræb]
garnaal (de)	prawn	[prɔːn]
oester (de)	oyster	['ɔɪstə(r)]
langoest (de)	spiny lobster	['spaɪnɪ 'lɒbstə(r)]
octopus (de)	octopus	['ɒktəpəs]
inktvis (de)	squid	[skwɪd]
steur (de)	sturgeon	['stɜːdʒən]
zalm (de)	salmon	['sæmən]
heilbot (de)	halibut	['hælɪbət]

kabeljauw (de)	cod	[kɒd]
makreel (de)	mackerel	['mækərəl]
tonijn (de)	tuna	['tju:nə]
paling (de)	eel	[i:l]
forel (de)	trout	[traʊt]
sardine (de)	sardine	[sɑ:'di:n]
snoek (de)	pike	[paɪk]
haring (de)	herring	['herɪŋ]
brood (het)	bread	[bred]
kaas (de)	cheese	[tʃi:z]
suiker (de)	sugar	['ʃʊgə(r)]
zout (het)	salt	[sɔ:lt]
rijst (de)	rice	[raɪs]
pasta (de)	pasta	['pæstə]
noedels (mv.)	noodles	['nu:dəlz]
boter (de)	butter	['bʌtə(r)]
plantaardige olie (de)	vegetable oil	['vedʒtəbəl ɔɪl]
zonnebloemolie (de)	sunflower oil	['sʌn͵flaʊə ɔɪl]
margarine (de)	margarine	[͵mɑ:dʒə'ri:n]
olijven (mv.)	olives	['ɒlɪvz]
olijfolie (de)	olive oil	['ɒlɪv ͵ɔɪl]
melk (de)	milk	[mɪlk]
gecondenseerde melk (de)	condensed milk	[kən'denst mɪlk]
yoghurt (de)	yogurt	['jəʊgərt]
zure room (de)	sour cream	['saʊə ͵kri:m]
room (de)	cream	[kri:m]
mayonaise (de)	mayonnaise	[͵meɪə'neɪz]
crème (de)	buttercream	['bʌtə͵kri:m]
graan (het)	cereal grain	['sɪərɪəl greɪn]
meel (het), bloem (de)	flour	['flaʊə(r)]
conserven (mv.)	tinned food	['tɪnd fu:d]
maïsvlokken (mv.)	cornflakes	['kɔ:nfleɪks]
honing (de)	honey	['hʌnɪ]
jam (de)	jam	[dʒæm]
kauwgom (de)	chewing gum	['tʃu:ɪŋ ͵gʌm]

42. Drankjes

water (het)	water	['wɔ:tə(r)]
drinkwater (het)	drinking water	['drɪŋkɪŋ ͵wɔ:tə(r)]
mineraalwater (het)	mineral water	['mɪnərəl 'wɔ:tə(r)]
zonder gas	still	[stɪl]
koolzuurhoudend (bn)	carbonated	['kɑ:bəneɪtɪd]
bruisend (bn)	sparkling	['spɑ:klɪŋ]

| IJs (het) | ice | [aɪs] |
| met ijs | with ice | [wɪð aɪs] |

alcohol vrij (bn)	non-alcoholic	[nɒn ˌælkə'hɒlɪk]
alcohol vrije drank (de)	soft drink	[sɒft drɪŋk]
frisdrank (de)	cool soft drink	[ku:l sɒft drɪŋk]
limonade (de)	lemonade	[ˌlemə'neɪd]

alcoholische dranken (mv.)	spirits	['spɪrɪts]
wijn (de)	wine	[waɪn]
witte wijn (de)	white wine	['waɪt ˌwaɪn]
rode wijn (de)	red wine	['red ˌwaɪn]

likeur (de)	liqueur	[lɪ'kjʊə(r)]
champagne (de)	champagne	[ʃæm'peɪn]
vermout (de)	vermouth	[vɜ:'mu:θ]

whisky (de)	whisky	['wɪskɪ]
wodka (de)	vodka	['vɒdkə]
gin (de)	gin	[dʒɪn]
cognac (de)	cognac	['kɒnjæk]
rum (de)	rum	[rʌm]

koffie (de)	coffee	['kɒfɪ]
zwarte koffie (de)	black coffee	[blæk 'kɒfɪ]
koffie (de) met melk	white coffee	[waɪt 'kɒfɪ]
cappuccino (de)	cappuccino	[ˌkæpʊ'tʃi:nəʊ]
oploskoffie (de)	instant coffee	['ɪnstənt 'kɒfɪ]

melk (de)	milk	[mɪlk]
cocktail (de)	cocktail	['kɒkteɪl]
milkshake (de)	milk shake	['mɪlk ʃeɪk]

sap (het)	juice	[dʒu:s]
tomatensap (het)	tomato juice	[tə'mɑ:təʊ dʒu:s]
sinaasappelsap (het)	orange juice	['ɒrɪndʒ ˌdʒu:s]
vers geperst sap (het)	freshly squeezed juice	['freʃlɪ skwi:zd dʒu:s]

bier (het)	beer	[bɪə(r)]
licht bier (het)	lager	['lɑ:gə(r)]
donker bier (het)	bitter	['bɪtə(r)]

thee (de)	tea	[ti:]
zwarte thee (de)	black tea	[blæk ti:]
groene thee (de)	green tea	['gri:nˌti:]

43. Groenten

| groenten (mv.) | vegetables | ['vedʒtəbəlz] |
| verse kruiden (mv.) | greens | [gri:nz] |

tomaat (de)	tomato	[tə'mɑ:təʊ]
augurk (de)	cucumber	['kju:kʌmbə(r)]
wortel (de)	carrot	['kærət]

aardappel (de)	potato	[pə'teɪtəʊ]
ui (de)	onion	['ʌnjən]
knoflook (de)	garlic	['gɑːlɪk]

kool (de)	cabbage	['kæbɪdʒ]
bloemkool (de)	cauliflower	['kɒlɪ,flaʊə(r)]
spruitkool (de)	Brussels sprouts	['brʌsəlz ,spraʊts]
broccoli (de)	broccoli	['brɒkəlɪ]

rode biet (de)	beetroot	['biːtruːt]
aubergine (de)	aubergine	['əʊbəʒiːn]
courgette (de)	courgette	[kɔː'ʒet]
pompoen (de)	pumpkin	['pʌmpkɪn]
raap (de)	turnip	['tɜːnɪp]

peterselie (de)	parsley	['pɑːslɪ]
dille (de)	dill	[dɪl]
sla (de)	lettuce	['letɪs]
selderij (de)	celery	['selərɪ]
asperge (de)	asparagus	[ə'spærəgəs]
spinazie (de)	spinach	['spɪnɪdʒ]

erwt (de)	pea	[piː]
bonen (mv.)	beans	[biːnz]
maïs (de)	maize	[meɪz]
boon (de)	kidney bean	['kɪdnɪ biːn]

peper (de)	pepper	['pepə(r)]
radijs (de)	radish	['rædɪʃ]
artisjok (de)	artichoke	['ɑːtɪtʃəʊk]

44. Vruchten. Noten

vrucht (de)	fruit	[fruːt]
appel (de)	apple	['æpəl]
peer (de)	pear	[peə(r)]
citroen (de)	lemon	['lemən]
sinaasappel (de)	orange	['ɒrɪndʒ]
aardbei (de)	strawberry	['strɔːbərɪ]

mandarijn (de)	tangerine	[,tændʒə'riːn]
pruim (de)	plum	[plʌm]
perzik (de)	peach	[piːtʃ]
abrikoos (de)	apricot	['eɪprɪkɒt]
framboos (de)	raspberry	['rɑːzbərɪ]
ananas (de)	pineapple	['paɪn,æpəl]

banaan (de)	banana	[bə'nɑːnə]
watermeloen (de)	watermelon	['wɔːtə,melən]
druif (de)	grape	[greɪp]
meloen (de)	melon	['melən]

| grapefruit (de) | grapefruit | ['greɪpfruːt] |
| avocado (de) | avocado | [,ævə'kɑːdəʊ] |

papaja (de)	papaya	[pə'paɪə]
mango (de)	mango	['mæŋgəʊ]
granaatappel (de)	pomegranate	['pɒmɪˌgrænɪt]

rode bes (de)	redcurrant	['redkʌrənt]
zwarte bes (de)	blackcurrant	[ˌblæk'kʌrənt]
kruisbes (de)	gooseberry	['gʊzbərɪ]
bosbes (de)	bilberry	['bɪlbərɪ]
braambes (de)	blackberry	['blækbərɪ]

rozijn (de)	raisin	['reɪzən]
vijg (de)	fig	[fɪg]
dadel (de)	date	[deɪt]

pinda (de)	peanut	['piːnʌt]
amandel (de)	almond	['ɑːmənd]
walnoot (de)	walnut	['wɔːlnʌt]
hazelnoot (de)	hazelnut	['heɪzəlnʌt]
kokosnoot (de)	coconut	['kəʊkənʌt]
pistaches (mv.)	pistachios	[pɪ'stɑːʃəʊs]

45. Brood. Snoep

suikerbakkerij (de)	confectionery	[kən'fekʃənərɪ]
brood (het)	bread	[bred]
koekje (het)	biscuits	['bɪskɪts]

chocolade (de)	chocolate	['tʃɒkələt]
chocolade- (abn)	chocolate	['tʃɒkələt]
snoepje (het)	sweet	[swiːt]
cakeje (het)	cake	[keɪk]
taart (bijv. verjaardags~)	cake	[keɪk]

| pastei (de) | pie | [paɪ] |
| vulling (de) | filling | ['fɪlɪŋ] |

confituur (de)	jam	[dʒæm]
marmelade (de)	marmalade	['mɑːməleɪd]
wafel (de)	waffle	['wɒfəl]
IJsje (het)	ice-cream	[aɪs kriːm]
pudding (de)	pudding	['pʊdɪŋ]

46. Bereide gerechten

gerecht (het)	course, dish	[kɔːs], [dɪʃ]
keuken (bijv. Franse ~)	cuisine	[kwɪ'ziːn]
recept (het)	recipe	['resɪpɪ]
portie (de)	portion	['pɔːʃən]

salade (de)	salad	['sæləd]
soep (de)	soup	[suːp]
bouillon (de)	clear soup	[ˌklɪə 'suːp]

| boterham (de) | sandwich | ['sænwɪdʒ] |
| spiegelei (het) | fried eggs | ['fraɪd ˌegz] |

hamburger (de)	cutlet	['kʌtlɪt]
hamburger (de)	hamburger	['hæmbɜːgə(r)]
biefstuk (de)	steak	[steɪk]
hutspot (de)	stew	[stjuː]

garnering (de)	side dish	[saɪd dɪʃ]
spaghetti (de)	spaghetti	[spə'getɪ]
aardappelpuree (de)	mash	[mæʃ]
pizza (de)	pizza	['piːtsə]
pap (de)	porridge	['pɒrɪdʒ]
omelet (de)	omelette	['ɒmlɪt]

gekookt (in water)	boiled	['bɔɪld]
gerookt (bn)	smoked	[sməʊkt]
gebakken (bn)	fried	[fraɪd]
gedroogd (bn)	dried	[draɪd]
diepvries (bn)	frozen	['frəʊzən]
gemarineerd (bn)	pickled	['pɪkəld]

zoet (bn)	sweet	[swiːt]
gezouten (bn)	salty	['sɔːltɪ]
koud (bn)	cold	[kəʊld]
heet (bn)	hot	[hɒt]
bitter (bn)	bitter	['bɪtə(r)]
lekker (bn)	tasty	['teɪstɪ]

koken (in kokend water)	to cook in boiling water	[tə kʊk in 'bɔɪlɪŋ 'wɔːtə]
bereiden (avondmaaltijd ~)	to cook (vt)	[tə kʊk]
bakken (ww)	to fry (vt)	[tə fraɪ]
opwarmen (ww)	to heat up	[tə hiːt ʌp]

zouten (ww)	to salt (vt)	[tə sɔːlt]
peperen (ww)	to pepper (vt)	[tə 'pepə(r)]
raspen (ww)	to grate (vt)	[tə greɪt]
schil (de)	peel	[piːl]
schillen (ww)	to peel (vt)	[tə piːl]

47. Kruiden

zout (het)	salt	[sɔːlt]
gezouten (bn)	salty	['sɔːltɪ]
zouten (ww)	to salt (vt)	[tə sɔːlt]

zwarte peper (de)	black pepper	[blæk 'pepə(r)]
rode peper (de)	red pepper	[red 'pepə(r)]
mosterd (de)	mustard	['mʌstəd]
mierikswortel (de)	horseradish	['hɔːsˌrædɪʃ]

condiment (het)	condiment	['kɒndɪmənt]
specerij , kruiderij (de)	spice	[spaɪs]
saus (de)	sauce	[sɔːs]

azijn (de)	vinegar	['vɪnɪgə(r)]
anijs (de)	anise	['ænɪs]
basilicum (de)	basil	['bæzəl]
kruidnagel (de)	cloves	[kləʊvz]
gember (de)	ginger	['dʒɪndʒə(r)]
koriander (de)	coriander	[ˌkɒrɪ'ændə(r)]
kaneel (de/het)	cinnamon	['sɪnəmən]

sesamzaad (het)	sesame	['sesəmɪ]
laurierblad (het)	bay leaf	[beɪ liːf]
paprika (de)	paprika	['pæprɪkə]
komijn (de)	caraway	['kærəweɪ]
saffraan (de)	saffron	['sæfrən]

48. Maaltijden

eten (het)	food	[fuːd]
eten (ww)	to eat (vi, vt)	[tə iːt]

ontbijt (het)	breakfast	['brekfəst]
ontbijten (ww)	to have breakfast	[tə hæv 'brekfəst]
lunch (de)	lunch	[lʌntʃ]
lunchen (ww)	to have lunch	[tə hæv lʌntʃ]
avondeten (het)	dinner	['dɪnə(r)]
souperen (ww)	to have dinner	[tə hæv 'dɪnə(r)]

eetlust (de)	appetite	['æpɪtaɪt]
Eet smakelijk!	Enjoy your meal!	[ɪn'dʒɔɪ jɔ: ˌmiːl]

openen (een fles ~)	to open (vt)	[tə 'əʊpən]
morsen (koffie, enz.)	to spill (vt)	[tə spɪl]
zijn gemorst	to spill out (vi)	[tə spɪl aʊt]
koken (water kookt bij 100°C)	to boil (vi)	[tə bɔɪl]
koken (Hoe om water te ~)	to boil (vt)	[tə bɔɪl]
gekookt (~ water)	boiled	['bɔɪld]
afkoelen (koeler maken)	to chill, cool down (vt)	[tə tʃɪl], [kuːl daʊn]
afkoelen (koeler worden)	to chill (vi)	[tə tʃɪl]

smaak (de)	taste, flavour	[teɪst], ['fleɪvə(r)]
nasmaak (de)	aftertaste	['ɑːftəteɪst]

volgen een dieet	to slim down	[tə slɪm daʊn]
dieet (het)	diet	['daɪət]
vitamine (de)	vitamin	['vɪtəmɪn]
calorie (de)	calorie	['kælərɪ]
vegetariër (de)	vegetarian	[ˌvedʒɪ'teərɪən]
vegetarisch (bn)	vegetarian	[ˌvedʒɪ'teərɪən]

vetten (mv.)	fats	[fæts]
eiwitten (mv.)	proteins	['prəʊtiːnz]
koolhydraten (mv.)	carbohydrates	[ˌkɑːbəʊ'haɪdreɪts]
snede (de)	slice	[slaɪs]
stuk (bijv. een ~ taart)	piece	[piːs]
kruimel (de)	crumb	[krʌm]

49. Tafelschikking

lepel (de)	spoon	[spu:n]
mes (het)	knife	[naɪf]
vork (de)	fork	[fɔ:k]
kopje (het)	cup	[kʌp]
bord (het)	plate	[pleɪt]
schoteltje (het)	saucer	['sɔ:sə(r)]
servet (het)	serviette	[ˌsɜ:vɪ'et]
tandenstoker (de)	toothpick	['tu:θpɪk]

50. Restaurant

restaurant (het)	restaurant	['restrɒnt]
koffiehuis (het)	coffee bar	['kɒfɪ ba:(r)]
bar (de)	pub	[pʌb]
tearoom (de)	tearoom	['ti:rʊm]
kelner, ober (de)	waiter	['weɪtə(r)]
serveerster (de)	waitress	['weɪtrɪs]
barman (de)	barman	['ba:mən]
menu (het)	menu	['menju:]
wijnkaart (de)	wine list	['waɪn lɪst]
een tafel reserveren	to book a table	[tə bʊk ə 'teɪbəl]
gerecht (het)	course, dish	[kɔ:s], [dɪʃ]
bestellen (eten ~)	to order (vi, vt)	[tə 'ɔ:də(r)]
een bestelling maken	to make an order	[tə meɪk ən 'ɔ:də(r)]
aperitief (de/het)	aperitif	[əperə'ti:f]
voorgerecht (het)	starter	['sta:tə(r)]
dessert (het)	dessert	[dɪ'zɜ:t]
rekening (de)	bill	[bɪl]
de rekening betalen	to pay the bill	[tə peɪ ðə bɪl]
wisselgeld teruggeven	to give change	[tə gɪv 'tʃeɪndʒ]
fooi (de)	tip	[tɪp]

Familie, verwanten en vrienden

51. Persoonlijke informatie. Formulieren

naam (de)	name, first name	[neɪm], [ˈfɜːstˌneɪm]
achternaam (de)	family name	[ˈfæmlɪ ˌneɪm]
geboortedatum (de)	date of birth	[deɪt əv bɜːθ]
geboorteplaats (de)	place of birth	[ˌpleɪs əv ˈbɜːθ]

nationaliteit (de)	nationality	[ˌnæʃəˈnælətɪ]
woonplaats (de)	place of residence	[ˌpleɪs əv ˈrezɪdəns]
land (het)	country	[ˈkʌntrɪ]
beroep (het)	profession	[prəˈfeʃən]

geslacht (ov. het vrouwelijk ~)	gender, sex	[ˈdʒendə(r)], [seks]
lengte (de)	height	[haɪt]
gewicht (het)	weight	[weɪt]

52. Familieleden. Verwanten

moeder (de)	mother	[ˈmʌðə(r)]
vader (de)	father	[ˈfɑːðə(r)]
zoon (de)	son	[sʌn]
dochter (de)	daughter	[ˈdɔːtə(r)]

jongste dochter (de)	younger daughter	[ˌjʌŋgə ˈdɔːtə(r)]
jongste zoon (de)	younger son	[ˌjʌŋgə ˈsʌn]
oudste dochter (de)	eldest daughter	[ˈeldɪst ˈdɔːtə(r)]
oudste zoon (de)	eldest son	[ˈeldɪst sʌn]

broer (de)	brother	[ˈbrʌðə(r)]
zuster (de)	sister	[ˈsɪstə(r)]

neef (zoon van oom/tante)	cousin	[ˈkʌzən]
nicht (dochter van oom/tante)	cousin	[ˈkʌzən]
mama (de)	mummy	[ˈmʌmɪ]
papa (de)	dad, daddy	[dæd], [ˈdædɪ]
ouders (mv.)	parents	[ˈpeərənts]
kind (het)	child	[tʃaɪld]
kinderen (mv.)	children	[ˈtʃɪldrən]

oma (de)	grandmother	[ˈgrænˌmʌðə(r)]
opa (de)	grandfather	[ˈgrændˌfɑːðə(r)]
kleinzoon (de)	grandson	[ˈgrænsʌn]
kleindochter (de)	granddaughter	[ˈgrænˌdɔːtə(r)]
kleinkinderen (mv.)	grandchildren	[ˈgrænˌtʃɪldrən]
oom (de)	uncle	[ˈʌŋkəl]

tante (de)	aunt	[ɑ:nt]
neef (zoon van broer/zus)	nephew	['nefju:]
nicht (dochter van broer/zus)	niece	[ni:s]

schoonmoeder (de)	mother-in-law	['mʌðər ɪn 'lɔ:]
schoonvader (de)	father-in-law	['fɑ:ðə ɪn ˌlɔ:]
schoonzoon (de)	son-in-law	['sʌn ɪn ˌlɔ:]
stiefmoeder (de)	stepmother	['stepˌmʌðə(r)]
stiefvader (de)	stepfather	['stepˌfɑ:ðə(r)]

zuigeling (de)	infant	['ɪnfənt]
wiegenkind (het)	baby	['beɪbɪ]
kleuter (de)	little boy	['lɪtəl ˌbɔɪ]

| vrouw (de) | wife | [waɪf] |
| man (de) | husband | ['hʌzbənd] |

gehuwd (mann.)	married	['mærɪd]
gehuwd (vrouw.)	married	['mærɪd]
ongehuwd (mann.)	single	['sɪŋgəl]
vrijgezel (de)	bachelor	['bætʃələ(r)]
gescheiden (bn)	divorced	[dɪ'vɔ:st]
weduwe (de)	widow	['wɪdəʊ]
weduwnaar (de)	widower	['wɪdəʊə(r)]

familielid (het)	relative	['relətɪv]
dichte familielid (het)	close relative	[ˌkləʊs 'relətɪv]
verre familielid (het)	distant relative	['dɪstənt 'relətɪv]
familieleden (mv.)	relatives	['relətɪvz]

wees (de), weeskind (het)	orphan	['ɔ:fən]
voogd (de)	guardian	['gɑ:djən]
adopteren (een jongen te ~)	to adopt (vt)	[tə ə'dɒpt]
adopteren (een meisje te ~)	to adopt (vt)	[tə ə'dɒpt]

53. Vrienden. Collega's

vriend (de)	friend	[frend]
vriendin (de)	friend, girlfriend	[frend], ['gɜ:lfrend]
vriendschap (de)	friendship	['frendʃɪp]
bevriend zijn (ww)	to be friends	[tə bi frendz]

makker (de)	pal	[pæl]
vriendin (de)	pal	[pæl]
partner (de)	partner	['pɑ:tnə(r)]

chef (de)	chief	[tʃi:f]
baas (de)	boss, superior	[bɒs], [su:'pɪərɪə(r)]
ondergeschikte (de)	subordinate	[sə'bɔ:dɪnət]
collega (de)	colleague	['kɒli:g]

kennis (de)	acquaintance	[ə'kweɪntəns]
medereiziger (de)	fellow traveller	['feləʊ 'trævələ(r)]
klasgenoot (de)	classmate	['klɑ:smeɪt]

buurman (de)	neighbour	['neɪbə(r)]
buurvrouw (de)	neighbour	['neɪbə(r)]
buren (mv.)	neighbours	['neɪbəz]

54. Man. Vrouw

vrouw (de)	woman	['wʊmən]
meisje (het)	girl, young woman	[gɜːl], [jʌŋ 'wʊmən]
bruid (de)	bride, fiancée	[braɪd], [fɪ'ɒnseɪ]

mooi(e) (vrouw, meisje)	beautiful	['bjuːtɪfʊl]
groot, grote (vrouw, meisje)	tall	[tɔːl]
slank(e) (vrouw, meisje)	slender	['slendə(r)]
korte, kleine (vrouw, meisje)	short	[ʃɔːt]

| blondine (de) | blonde | [blɒnd] |
| brunette (de) | brunette | [bruː'net] |

dames- (abn)	ladies'	['leɪdɪz]
maagd (de)	virgin	['vɜːdʒɪn]
zwanger (bn)	pregnant	['pregnənt]

man (de)	man	[mæn]
blonde man (de)	blond haired man	[blɒnd heəd mæn]
bruinharige man (de)	dark haired man	['dɑːk heəd mæn]
groot (bn)	tall	[tɔːl]
klein (bn)	short	[ʃɔːt]

onbeleefd (bn)	rude	[ruːd]
gedrongen (bn)	stocky	['stɒkɪ]
robuust (bn)	robust	[rəʊ'bʌst]
sterk (bn)	strong	[strɒŋ]
sterkte (de)	strength	[strenθ]

mollig (bn)	stout, fat	[staʊt], [fæt]
getaand (bn)	swarthy	['swɔːðɪ]
slank (bn)	well-built	[wel bɪlt]
elegant (bn)	elegant	['elɪgənt]

55. Leeftijd

leeftijd (de)	age	[eɪdʒ]
jeugd (de)	youth	[juːθ]
jong (bn)	young	[jʌŋ]

| jonger (bn) | younger | ['jʌŋgə(r)] |
| ouder (bn) | older | [əʊldə] |

jongen (de)	young man	[jʌŋ mæn]
kerel (de)	guy, fellow	[gaɪ], ['feləʊ]
oude man (de)	old man	['əʊld ˌmæn]
oude vrouw (de)	old woman	['əʊld ˌwʊmən]

volwassen (bn)	adult	[æd'ʌlt]
van middelbare leeftijd (bn)	middle-aged	[ˌmɪdl 'eɪdʒd]
bejaard (bn)	elderly	['eldəlɪ]
oud (bn)	old	[əʊld]

| met pensioen gaan | to retire (vi) | [tə rɪ'taɪə(r)] |
| gepensioneerde (de) | pensioner | ['penʃənə(r)] |

56. Kinderen

kind (het)	child	[tʃaɪld]
kinderen (mv.)	children	['tʃɪldrən]
tweeling (de)	twins	[twɪnz]

wieg (de)	cradle	['kreɪdəl]
rammelaar (de)	rattle	['rætəl]
luier (de)	nappy	['næpɪ]

speen (de)	dummy, comforter	['dʌmɪ], ['kʌmfətə(r)]
kinderwagen (de)	pram	[præm]
kleuterschool (de)	nursery	['nɜːsərɪ]
babysitter (de)	babysitter	[ˌbeɪbɪ 'sɪtə(r)]

kindertijd (de)	childhood	['tʃaɪldhʊd]
pop (de)	doll	[dɒl]
speelgoed (het)	toy	[tɔɪ]
bouwspeelgoed (het)	construction set	[kən'strʌkʃən set]

welopgevoed (bn)	well-bred	[wel bred]
onopgevoed (bn)	ill-bred	['ɪlˌbred]
verwend (bn)	spoilt	[spɔɪlt]

stout zijn (ww)	to be naughty	[tə bi 'nɔːtɪ]
stout (bn)	mischievous	['mɪstʃɪvəs]
stoutheid (de)	mischievousness	['mɪstʃɪvəsnɪs]
stouterd (de)	mischievous child	['mɪstʃɪvəs tʃaɪld]

| gehoorzaam (bn) | obedient | [ə'biːdjənt] |
| ongehoorzaam (bn) | disobedient | [ˌdɪsə'biːdjənt] |

braaf (bn)	docile	['dəʊsaɪl]
slim (verstandig)	clever	['klevə(r)]
wonderkind (het)	child prodigy	[ˌtʃaɪld 'prɒdɪdʒɪ]

57. Gehuwde paren. Gezinsleven

kussen (een kus geven)	to kiss (vt)	[tə kɪs]
elkaar kussen (ww)	to kiss (vi)	[tə kɪs]
gezin (het)	family	['fæmlɪ]
gezins- (abn)	family	['fæmlɪ]
paar (het)	couple	['kʌpəl]
huwelijk (het)	marriage	['mærɪdʒ]

| thuis (het) | hearth | [hɑːθ] |
| dynastie (de) | dynasty | ['dɪnəstɪ] |

| date (de) | date | [deɪt] |
| zoen (de) | kiss | [kɪs] |

liefde (de)	love	[lʌv]
liefhebben (ww)	to love (vt)	[tə lʌv]
geliefde (bn)	beloved	[bɪ'lʌvd]

tederheid (de)	tenderness	['tendənɪs]
teder (bn)	tender	['tendə(r)]
trouw (de)	faithfulness	['feɪθfʊlnɪs]
trouw (bn)	faithful	['feɪθfʊl]

jonggehuwden (mv.)	newlyweds	['njuːlɪwedz]
wittebroodsweken (mv.)	honeymoon	['hʌnɪmuːn]
trouwen (vrouw)	to get married	[tə get 'mærɪd]
trouwen (man)	to get married	[tə get 'mærɪd]

bruiloft (de)	wedding	['wedɪŋ]
gouden bruiloft (de)	golden wedding	['gəʊldən 'wedɪŋ]
verjaardag (de)	anniversary	[ænɪ'vɜːsərɪ]

| minnaar (de) | lover | ['lʌvə(r)] |
| minnares (de) | mistress | ['mɪstrɪs] |

overspel (het)	adultery	[ə'dʌltərɪ]
overspel plegen (ww)	to cheat on ...	[tə tʃiːt ɒn]
jaloers (bn)	jealous	['dʒeləs]
jaloers zijn (echtgenoot, enz.)	to be jealous	[tə bi 'dʒeləs]
echtscheiding (de)	divorce	[dɪ'vɔːs]
scheiden (ww)	to divorce (vi)	[tə dɪ'vɔːs]

ruzie hebben (ww)	to quarrel (vi)	[tə 'kwɒrəl]
vrede sluiten (ww)	to be reconciled	[tə bi: 'rekənsaɪld]
samen (bw)	together	[tə'geðə(r)]
seks (de)	sex	[seks]

geluk (het)	happiness	['hæpɪnɪs]
gelukkig (bn)	happy	['hæpɪ]
ongeluk (het)	misfortune	[ˌmɪs'fɔːtʃuːn]
ongelukkig (bn)	unhappy	[ʌn'hæpɪ]

Karakter. Gevoelens. Emoties

58. Gevoelens. Emoties

gevoel (het)	feeling	['fi:lɪŋ]
gevoelens (mv.)	feelings	['fi:lɪŋz]
voelen (ww)	to feel (vt)	[tə fi:l]
honger (de)	hunger	['hʌŋgə(r)]
honger hebben (ww)	to be hungry	[tə bi 'hʌŋgrɪ]
dorst (de)	thirst	[θɜ:st]
dorst hebben	to be thirsty	[tə bi 'θɜ:stɪ]
slaperigheid (de)	sleepiness	['sli:pɪnɪs]
willen slapen	to feel sleepy	[tə fi:l 'sli:pɪ]
moeheid (de)	tiredness	['taɪədnɪs]
moe (bn)	tired	['taɪəd]
vermoeid raken (ww)	to get tired	[tə get 'taɪəd]
stemming (de)	mood	[mu:d]
verveling (de)	boredom	['bɔ:dəm]
zich vervelen (ww)	to be bored	[tə bi bɔ:d]
afzondering (de)	seclusion	[sɪ'klu:ʒən]
zich afzonderen (ww)	to seclude oneself	[tə sɪ'klu:d wʌn'self]
bezorgd maken (ww)	to worry (vt)	[tə 'wʌrɪ]
zich bezorgd maken	to be worried	[tə bi 'wʌrɪd]
zorg (bijv. geld~en)	anxiety	[æŋ'zaɪətɪ]
ongerust (bn)	preoccupied	[ˌpri:'ɒkjʊpaɪd]
zenuwachtig zijn (ww)	to be nervous	[tə bi 'nɜ:vəs]
in paniek raken	to panic (vi)	[tə 'pænɪk]
hoop (de)	hope	[həʊp]
hopen (ww)	to hope (vi, vt)	[tə həʊp]
zekerheid (de)	certainty	['sɜ:təntɪ]
zeker (bn)	certain, sure	['sɜ:tən], [ʃʊə(r)]
onzekerheid (de)	uncertainty	[ˌʌn'sɜ:tənlɪ]
onzeker (bn)	uncertain	[ˌʌn'sɜ:tən]
dronken (bn)	drunk	[drʌŋk]
nuchter (bn)	sober	['səʊbə(r)]
zwak (bn)	weak	[wi:k]
gelukkig (bn)	happy	['hæpɪ]
doen schrikken (ww)	to scare (vt)	[tə skeə(r)]
woede (de)	rage	[reɪdʒ]
depressie (de)	depression	[dɪ'preʃən]
ongemak (het)	discomfort	[dɪs'kʌmfət]
gemak, comfort (het)	comfort	['kʌmfət]

spijt hebben (ww)	to regret (vi)	[tə rɪ'gret]
spijt (de)	regret	[rɪ'gret]
pech (de)	bad luck	[bæd lʌk]
bedroefdheid (de)	sadness	['sædnɪs]

schaamte (de)	shame	[ʃeɪm]
pret (de), plezier (het)	gladness	['glædnɪs]
enthousiasme (het)	enthusiasm	[ɪn'θjuːzɪæzəm]
enthousiasteling (de)	enthusiast	[ɪn'θjuːzɪæst]
enthousiasme vertonen	to show enthusiasm	[tə ʃəʊ ɪn'θjuːzɪæzəm]

59. Karakter. Persoonlijkheid

karakter (het)	character	['kærəktə(r)]
karakterfout (de)	character flaw	['kærəktə flɔː]
rede (de)	reason	['riːzən]

geweten (het)	conscience	['kɒnʃəns]
gewoonte (de)	habit	['hæbɪt]
bekwaamheid (de)	ability	[ə'bɪlətɪ]
kunnen (bijv., ~ zwemmen)	can (v aux)	[kæn]

geduldig (bn)	patient	['peɪʃənt]
ongeduldig (bn)	impatient	[ɪm'peɪʃənt]
nieuwsgierig (bn)	curious	['kjʊərɪəs]
nieuwsgierigheid (de)	curiosity	[kjʊərɪ'ɒsətɪ]

bescheidenheid (de)	modesty	['mɒdɪstɪ]
bescheiden (bn)	modest	['mɒdɪst]
onbescheiden (bn)	immodest	[ɪ'mɒdɪst]

lui (bn)	lazy	['leɪzɪ]
luiwammes (de)	lazy person	[,leɪzɪ 'pɜːsən]

sluwheid (de)	cunning	['kʌnɪŋ]
sluw (bn)	cunning	['kʌnɪŋ]
wantrouwen (het)	distrust	[dɪs'trʌst]
wantrouwig (bn)	distrustful	[dɪs'trʌstfʊl]

gulheid (de)	generosity	[dʒenə'rɒsətɪ]
gul (bn)	generous	['dʒenərəs]
talentrijk (bn)	talented	['tæləntɪd]
talent (het)	talent	['tælənt]

moedig (bn)	courageous	[kə'reɪdʒəs]
moed (de)	courage	['kʌrɪdʒ]
eerlijk (bn)	honest	['ɒnɪst]
eerlijkheid (de)	honesty	['ɒnɪstɪ]

voorzichtig (bn)	careful	['keəfʊl]
manhaftig (bn)	courageous	[kə'reɪdʒəs]
ernstig (bn)	serious	['sɪərɪəs]
streng (bn)	strict	[strɪkt]
resoluut (bn)	decisive	[dɪ'saɪsɪv]

onzeker, irresoluut (bn)	indecisive	[ˌɪndɪˈsaɪsɪv]
schuchter (bn)	shy, timid	[ʃaɪ], [ˈtɪmɪd]
schuchterheid (de)	shyness, timidity	[tɪˈmɪdətɪ]
vertrouwen (het)	confidence	[ˈkɒnfɪdəns]
vertrouwen (ww)	to believe	[tə bɪˈliːv]
goedgelovig (bn)	trusting, naïve	[ˈtrʌstɪŋ], [naɪˈiːv]
oprecht (bw)	sincerely	[sɪnˈsɪəlɪ]
oprecht (bn)	sincere	[sɪnˈsɪə(r)]
oprechtheid (de)	sincerity	[sɪnˈserətɪ]
rustig (bn)	calm	[kɑːm]
openhartig (bn)	frank	[fræŋk]
naïef (bn)	naïve, naive	[naɪˈiːv]
verstrooid (bn)	absent-minded	[ˈæbsənt ˈmaɪndɪd]
leuk, grappig (bn)	funny	[ˈfʌnɪ]
gierigheid (de)	greed	[griːd]
gierig (bn)	greedy	[ˈgriːdɪ]
kwaad (bn)	evil	[ˈiːvəl]
koppig (bn)	stubborn	[ˈstʌbən]
onaangenaam (bn)	unpleasant	[ʌnˈplezənt]
egoïst (de)	selfish person	[ˈselfɪʃ ˈpɜːsən]
egoïstisch (bn)	selfish	[ˈselfɪʃ]
lafaard (de)	coward	[ˈkaʊəd]
laf (bn)	cowardly	[ˈkaʊədlɪ]

60. Slaap. Dromen

slapen (ww)	to sleep (vi)	[tə sliːp]
slaap (in ~ vallen)	sleep, sleeping	[sliːp], [sliːpɪŋ]
droom (de)	dream	[driːm]
dromen (in de slaap)	to dream (vi)	[tə driːm]
slaperig (bn)	sleepy	[ˈsliːpɪ]
bed (het)	bed	[bed]
matras (de)	mattress	[ˈmætrɪs]
deken (de)	blanket	[ˈblæŋkɪt]
kussen (het)	pillow	[ˈpɪləʊ]
laken (het)	sheet	[ʃiːt]
slapeloosheid (de)	insomnia	[ɪnˈsɒmnɪə]
slapeloos (bn)	sleepless	[ˈsliːplɪs]
slaapmiddel (het)	sleeping pill	[ˈsliːpɪŋ pɪl]
slaapmiddel innemen	to take a sleeping pill	[tə ˌteɪk ə ˈsliːpɪŋ pɪl]
willen slapen	to feel sleepy	[tə fiːl ˈsliːpɪ]
geeuwen (ww)	to yawn (vi)	[tə jɔːn]
gaan slapen	to go to bed	[tə gəʊ tə bed]
het bed opmaken	to make up the bed	[tə ˈmeɪk ʌp ðə ˌbed]
inslapen (ww)	to fall asleep	[tə fɔːl əˈsliːp]
nachtmerrie (de)	nightmare	[ˈnaɪtmeə(r)]

gesnurk (het)	snore, snoring	[snɔː(r)], ['snɔːrɪŋ]
snurken (ww)	to snore (vi)	[tə snɔː(r)]

wekker (de)	alarm clock	[ə'lɑːm klɒk]
wekken (ww)	to wake (vt)	[tə weɪk]
wakker worden (ww)	to wake up	[tə weɪk ʌp]
opstaan (ww)	to get up	[tə get ʌp]
zich wassen (ww)	to have a wash	[tə hæv ə wɒʃ]

61. Humor. Gelach. Blijdschap

humor (de)	humour	['hjuːmə(r)]
gevoel (het) voor humor	sense of humour	[sens əv 'hjuːmə(r)]
plezier hebben (ww)	to enjoy oneself	[tə ɪn'dʒɔɪ wʌn'self]
vrolijk (bn)	cheerful	['tʃɪəfʊl]
pret (de), plezier (het)	merriment, fun	['merɪmənt], [fʌn]

glimlach (de)	smile	[smaɪl]
glimlachen (ww)	to smile (vi)	[tə smaɪl]
beginnen te lachen (ww)	to start laughing	[tə stɑːt 'lɑːfɪŋ]
lachen (ww)	to laugh (vi)	[tə lɑːf]
lach (de)	laugh, laughter	[lɑːf], ['lɑːftə]

mop (de)	anecdote	['ænɪkdəʊt]
grappig (een ~ verhaal)	funny	['fʌnɪ]
grappig (~e clown)	funny	['fʌnɪ]

grappen maken (ww)	to joke, to be kidding	[tə dʒəʊk], [tə bi 'kɪdɪŋ]
grap (de)	joke	[dʒəʊk]
blijheid (de)	joy	[dʒɔɪ]
blij zijn (ww)	to rejoice (vi)	[tə rɪ'dʒɔɪs]
blij (bn)	joyful	['dʒɔɪfʊl]

62. Discussie, conversatie. Deel 1

communicatie (de)	communication	[kə,mjuːnɪ'keɪʃən]
communiceren (ww)	to communicate (vi)	[tə kə'mjuːnɪkeɪt]

conversatie (de)	conversation	[,kɒnvə'seɪʃən]
dialoog (de)	dialogue	['daɪəlɒg]
discussie (de)	discussion	[dɪs'kʌʃən]
debat (het)	debate	[dɪ'beɪt]
debatteren, twisten (ww)	to debate (vi)	[tə dɪ'beɪt]

gesprekspartner (de)	interlocutor	[,ɪntə'lɒkjʊtə(r)]
thema (het)	topic	['tɒpɪk]
standpunt (het)	point of view	['pɔɪnt əv ,vjuː]
mening (de)	opinion	[ə'pɪnjən]
toespraak (de)	speech	[spiːtʃ]

bespreking (de)	discussion	[dɪs'kʌʃən]
bespreken (spreken over)	to discuss (vt)	[tə dɪs'kʌs]

gesprek (het)	talk	[tɔ:k]
spreken (converseren)	to talk (vi)	[tə 'tɔ:k]
ontmoeting (de)	meeting	['mi:tɪŋ]
ontmoeten (ww)	to meet (vi, vt)	[tə mi:t]

spreekwoord (het)	proverb	['prɒvɜ:b]
gezegde (het)	saying	['seɪɪŋ]
raadsel (het)	riddle	['rɪdəl]
een raadsel opgeven	to pose a riddle	[tə pəʊz ə 'rɪdəl]
wachtwoord (het)	password	['pɑ:swɜ:d]
geheim (het)	secret	['si:krɪt]

eed (de)	oath	[əʊθ]
zweren (een eed doen)	to swear (vi, vt)	[tə sweə(r)]
belofte (de)	promise	['prɒmɪs]
beloven (ww)	to promise (vt)	[tə 'prɒmɪs]

advies (het)	advice	[əd'vaɪs]
adviseren (ww)	to advise (vt)	[tə əd'vaɪz]
advies volgen (iemands ~)	to follow one's advice	[tə 'fɒləʊ wʌns əd'vaɪs]

nieuws (het)	news	[nju:z]
sensatie (de)	sensation	[sen'seɪʃən]
informatie (de)	information	[ˌɪnfə'meɪʃən]
conclusie (de)	conclusion	[kən'klu:ʒən]
stem (de)	voice	[vɔɪs]
compliment (het)	compliment	['kɒmplɪmənt]
vriendelijk (bn)	kind	[kaɪnd]

woord (het)	word	[wɜ:d]
zin (de), zinsdeel (het)	phrase	[freɪz]
antwoord (het)	answer	['ɑ:nsə(r)]

waarheid (de)	truth	[tru:θ]
leugen (de)	lie	[laɪ]

gedachte (de)	thought	[θɔ:t]
idee (de/het)	idea	[aɪ'dɪə]
fantasie (de)	fantasy	['fæntəsɪ]

63. Discussie, conversatie. Deel 2

gerespecteerd (bn)	respected	[rɪ'spektɪd]
respecteren (ww)	to respect (vt)	[tə rɪ'spekt]
respect (het)	respect	[rɪ'spekt]
Geachte ... (brief)	Dear ...	[dɪə(r)]

voorstellen (Mag ik jullie ~)	to introduce (vt)	[tə ˌɪntrə'dju:s]
kennismaken (met ...)	to make acquaintance	[tə meɪk ə'kweɪntəns]

intentie (de)	intention	[ɪn'tenʃən]
intentie hebben (ww)	to intend (vi)	[tu ɪn'tend]
wens (de)	wish	[wɪʃ]
wensen (ww)	to wish (vt)	[tə wɪʃ]

verbazing (de)	surprise	[sə'praɪz]
verbazen (verwonderen)	to surprise (vt)	[tə sə'praɪz]
verbaasd zijn (ww)	to be surprised	[tə bi sə'praɪzd]

geven (ww)	to give (vt)	[tə gɪv]
nemen (ww)	to take (vt)	[tə teɪk]
teruggeven (ww)	to give back	[tə‚gɪv bæk]
retourneren (ww)	to return (vt)	[tə rɪ'tɜːn]

zich verontschuldigen	to apologize (vi)	[tə ə'pɒlədʒaɪz]
verontschuldiging (de)	apology	[ə'pɒlədʒɪ]
vergeven (ww)	to forgive (vt)	[tə fə'gɪv]

spreken (ww)	to talk (vi)	[tə 'tɔːk]
luisteren (ww)	to listen (vi)	[tə 'lɪsən]
aanhoren (ww)	to hear ... out	[tə hɪər'aʊt]
begrijpen (ww)	to understand (vt)	[tə‚ʌndə'stænd]

tonen (ww)	to show (vt)	[tə ʃəʊ]
kijken naar ...	to look at ...	[tə lʊk æt]
roepen (vragen te komen)	to call (vt)	[tə kɔːl]
afleiden (storen)	to distract (vt)	[tə dɪ'strækt]
storen (lastigvallen)	to disturb (vt)	[tə dɪ'stɜːb]
doorgeven (ww)	to pass (vt)	[tə pɑːs]

verzoek (het)	demand	[dɪ'mɑːnd]
verzoeken (ww)	to request (vt)	[tə rɪ'kwest]

eis (de)	demand	[dɪ'mɑːnd]
eisen (met klem vragen)	to demand (vt)	[tə dɪ'mɑːnd]

beledigen	to tease (vt)	[tə tiːz]
(beledigende namen geven)		
uitlachen (ww)	to mock (vi, vt)	[tə mɒk]

spot (de)	mockery, derision	['mɒkərɪ], [dɪ'rɪʒən]
bijnaam (de)	nickname	['nɪkneɪm]

zinspeling (de)	insinuation	[ɪn‚sɪnjʊ'eɪʃən]
zinspelen (ww)	to insinuate (vt)	[tə ɪn'sɪnjʊeɪt]
impliceren (duiden op)	to mean (vt)	[tə miːn]

beschrijving (de)	description	[dɪ'skrɪpʃən]
beschrijven (ww)	to describe (vt)	[tə dɪ'skraɪb]

lof (de)	praise	[preɪz]
loven (ww)	to praise (vt)	[tə preɪz]

teleurstelling (de)	disappointment	[‚dɪsə'pɔɪntmənt]
teleurstellen (ww)	to disappoint (vt)	[tə ‚dɪsə'pɔɪnt]
teleurgesteld zijn (ww)	to be disappointed	[tə bi ‚dɪsə'pɔɪntɪd]

veronderstelling (de)	supposition	[‚sʌpə'zɪʃən]
veronderstellen (ww)	to suppose (vt)	[tə sə'pəʊz]
waarschuwing (de)	warning, caution	['wɔːnɪŋ], ['kɔːʃən]
waarschuwen (ww)	to warn (vt)	[tə wɔːn]

64. Discussie, conversatie. Deel 3

aanpraten (ww)	to talk into	[tə 'tɔːk 'ɪntʊ]
kalmeren (kalm maken)	to calm down (vt)	[tə kɑːm daʊn]
stilte (de)	silence	['saɪləns]
zwijgen (ww)	to be silent	[tə bi 'saɪlənt]
fluisteren (ww)	to whisper (vi, vt)	[tə 'wɪspə(r)]
gefluister (het)	whisper	['wɪspə(r)]
open, eerlijk (bw)	frankly	['fræŋklɪ]
volgens mij ...	in my opinion ...	[ɪn 'maɪ ə‚pɪnjən]
detail (het)	detail	['diːteɪl]
gedetailleerd (bn)	detailed	['diːteɪld]
gedetailleerd (bw)	in detail	[ɪn 'diːteɪl]
hint (de)	hint, clue	[hɪnt], [kluː]
een hint geven	to give a hint	[tə gɪv ə hɪnt]
blik (de)	look	[lʊk]
een kijkje nemen	to have a look	[tə ‚hæv ə 'lʊk]
strak (een ~ke blik)	fixed	[fɪkst]
knipperen (ww)	to blink (vi)	[tə blɪŋk]
knipogen (ww)	to wink (vi)	[tə wɪŋk]
knikken (ww)	to nod (vi)	[tə nɒd]
zucht (de)	sigh	[saɪ]
zuchten (ww)	to sigh (vi)	[tə saɪ]
huiveren (ww)	to shudder (vi)	[tə 'ʃʌdə(r)]
gebaar (het)	gesture	['dʒestʃə(r)]
aanraken (ww)	to touch (vt)	[tə tʌtʃ]
grijpen (ww)	to seize (vt)	[tə siːz]
een schouderklopje geven	to tap (vt)	[tə tæp]
Kijk uit!	Look out!	[lʊk 'aʊt]
Echt?	Really?	['rɪəlɪ]
Succes!	Good luck!	[‚gʊd 'lʌk]
Juist, ja!	I see!	[aɪ siː]
Wat jammer!	What a pity!	[wɒt ə 'pɪtɪ]

65. Overeenstemming. Weigering

instemming (het)	consent	[kən'sent]
instemmen (akkoord gaan)	to consent (vi)	[tə kən'sent]
goedkeuring (de)	approval	[ə'pruːvəl]
goedkeuren (ww)	to approve (vt)	[tə ə'pruːv]
weigering (de)	refusal	[rɪ'fjuːzəl]
weigeren (ww)	to refuse (vi, vt)	[tə rɪ'fjuːz]
Geweldig!	Great!	[greɪt]
Goed!	All right!	[‚ɔːl 'raɪt]
Akkoord!	Okay!	[‚əʊ'keɪ]

verboden (bn)	forbidden	[fə'bɪdən]
het is verboden	it's forbidden	[ɪts fə'bɪdən]
onjuist (bn)	incorrect	[ˌɪnkə'rekt]

afwijzen (ww)	to reject (vt)	[tə rɪ'dʒekt]
steunen	to support (vt)	[tə sə'pɔːt]
(een goed doel, enz.)		
aanvaarden (excuses ~)	to accept (vt)	[tə ək'sept]

bevestigen (ww)	to confirm (vt)	[tə kən'fɜːm]
bevestiging (de)	confirmation	[ˌkɒnfə'meɪʃən]
toestemming (de)	permission	[pə'mɪʃən]
toestaan (ww)	to permit (vt)	[tə pə'mɪt]
beslissing (de)	decision	[dɪ'sɪʒən]
z'n mond houden (ww)	to say nothing	[tə seɪ 'nʌθɪŋ]

voorwaarde (de)	condition	[kən'dɪʃən]
smoes (de)	excuse	[ɪk'skjuːs]
lof (de)	praise	[preɪz]
loven (ww)	to praise (vt)	[tə preɪz]

66. Succes. Veel geluk. Mislukking

succes (het)	success	[sək'ses]
succesvol (bw)	successfully	[sək'sesfʊlɪ]
succesvol (bn)	successful	[sək'sesfʊl]
geluk (het)	good luck	[ˌgʊd 'lʌk]
Succes!	Good luck!	[ˌgʊd 'lʌk]
geluks- (bn)	lucky	['lʌkɪ]
gelukkig (fortuinlijk)	lucky	['lʌkɪ]

mislukking (de)	failure	['feɪljə(r)]
tegenslag (de)	misfortune	[ˌmɪs'fɔːtʃuːn]
pech (de)	bad luck	[bæd lʌk]
zonder succes (bn)	unsuccessful	[ˌʌnsək'sesfʊl]
catastrofe (de)	catastrophe	[kə'tæstrəfɪ]

fierheid (de)	pride	[praɪd]
fier (bn)	proud	[praʊd]
fier zijn (ww)	to be proud	[tə bi praʊd]

winnaar (de)	winner	['wɪnə(r)]
winnen (ww)	to win (vi)	[tə wɪn]
verliezen (ww)	to lose (vi)	[tə luːz]
poging (de)	try	[traɪ]
pogen, proberen (ww)	to try (vi)	[tə traɪ]
kans (de)	chance	[tʃɑːns]

67. Ruzies. Negatieve emoties

| schreeuw (de) | shout | [ʃaʊt] |
| schreeuwen (ww) | to shout (vi) | [tə ʃaʊt] |

beginnen te schreeuwen	to start to cry out	[tə stɑːt tə kraɪ aʊt]
ruzie (de)	quarrel	[ˈkwɒrəl]
ruzie hebben (ww)	to quarrel (vi)	[tə ˈkwɒrəl]
schandaal (het)	fight	[faɪt]
schandaal maken (ww)	to have a fight	[tə hæv ə ˈfaɪt]
conflict (het)	conflict	[ˈkɒnflɪkt]
misverstand (het)	misunderstanding	[ˌmɪsʌndəˈstændɪŋ]

belediging (de)	insult	[ˈɪnsʌlt]
beledigen (met scheldwoorden)	to insult (vt)	[tə ɪnˈsʌlt]
beledigd (bn)	insulted	[ɪnˈsʌltɪd]
krenking (de)	resentment	[rɪˈzentmənt]
krenken (beledigen)	to offend (vt)	[tə əˈfend]
gekwetst worden (ww)	to take offence	[tə ˌteɪk əˈfens]

verontwaardiging (de)	indignation	[ˌɪndɪgˈneɪʃən]
verontwaardigd zijn (ww)	to be indignant	[tə bi ɪnˈdɪgnənt]
klacht (de)	complaint	[kəmˈpleɪnt]
klagen (ww)	to complain (vi, vt)	[tə kəmˈpleɪn]

verontschuldiging (de)	apology	[əˈpɒlədʒɪ]
zich verontschuldigen	to apologize (vi)	[tə əˈpɒlədʒaɪz]
excuus vragen	to beg pardon	[tə beg ˈpɑːdən]

kritiek (de)	criticism	[ˈkrɪtɪsɪzəm]
bekritiseren (ww)	to criticize (vt)	[tə ˈkrɪtɪsaɪz]
beschuldiging (de)	accusation	[ˌækjuːˈzeɪʃən]
beschuldigen (ww)	to accuse (vt)	[tə əˈkjuːz]

wraak (de)	revenge	[rɪˈvendʒ]
wreken (ww)	to avenge (vt)	[tə əˈvendʒ]

minachting (de)	disdain	[dɪsˈdeɪn]
minachten (ww)	to despise (vt)	[tə dɪˈspaɪz]
haat (de)	hatred, hate	[ˈheɪtrɪd], [heɪt]
haten (ww)	to hate (vt)	[tə heɪt]

zenuwachtig (bn)	nervous	[ˈnɜːvəs]
zenuwachtig zijn (ww)	to be nervous	[tə bi ˈnɜːvəs]
boos (bn)	angry	[ˈæŋgrɪ]
boos maken (ww)	to make angry	[tə meɪk ˈæŋgrɪ]

vernedering (de)	humiliation	[hjuːˌmɪlɪˈeɪʃən]
vernederen (ww)	to humiliate (vt)	[tə hjuːˈmɪlɪeɪt]
zich vernederen (ww)	to humiliate oneself	[tə hjuːˈmɪlɪeɪt wʌnˈself]

schok (de)	shock	[ʃɒk]
schokken (ww)	to shock (vt)	[tə ʃɒk]

onaangenaamheid (de)	trouble	[ˈtrʌbəl]
onaangenaam (bn)	unpleasant	[ʌnˈplezənt]

vrees (de)	fear	[fɪə(r)]
vreselijk (bijv. ~ onweer)	terrible	[ˈterəbəl]
eng (bn)	scary	[ˈskeərɪ]

| gruwel (de) | horror | ['hɒrə(r)] |
| vreselijk (~ nieuws) | awful | ['ɔːfʊl] |

beginnen te beven	to begin to tremble	[tə bɪ'gɪn tə 'trembəl]
huilen (wenen)	to cry (vi)	[tə kraɪ]
beginnen te huilen (wenen)	to start crying	[tə stɑːt 'kraɪɪŋ]
traan (de)	tear	[tɪə(r)]

schuld (~ geven aan)	fault	['fɔːlt]
schuldgevoel (het)	guilt	[gɪlt]
schande (de)	dishonour	[dɪs'ɒnə(r)]
protest (het)	protest	['prəʊtest]
stress (de)	stress	[stres]

storen (lastigvallen)	to disturb (vt)	[tə dɪ'stɜːb]
kwaad zijn (ww)	to be furious	[tə bi 'fjʊərɪəs]
kwaad (bn)	angry	['æŋgrɪ]
beëindigen (een relatie ~)	to end (vt)	[tə end]

schrikken (schrik krijgen)	to scare (vi)	[tə skeə(r)]
slaan (iemand ~)	to hit (vt)	[tə hɪt]
vechten (ww)	to fight (vi)	[tə faɪt]

regelen (conflict)	to settle (vt)	[tə 'setəl]
ontevreden (bn)	discontented	[ˌdɪskən'tentɪd]
woedend (bn)	furious	['fjʊərɪəs]

| Dat is niet goed! | It's not good! | [ɪts 'nɒt ˌgʊd] |
| Dat is slecht! | It's bad! | [ɪts bæd] |

Geneeskunde

68. Ziekten

ziekte (de)	illness	['ɪlnɪs]
ziek zijn (ww)	to be ill	[tə bi ɪl]
gezondheid (de)	health	[helθ]

snotneus (de)	runny nose	[ˌrʌni 'nəʊz]
angina (de)	angina	[æn'dʒaɪnə]
verkoudheid (de)	cold	[kəʊld]
verkouden raken (ww)	to catch a cold	[tə kætʃ ə 'kəʊld]

bronchitis (de)	bronchitis	[brɒŋ'kaɪtɪs]
longontsteking (de)	pneumonia	[nju:'məʊnɪə]
griep (de)	flu	[flu:]

bijziend (bn)	short-sighted	[ʃɔːt 'saɪtɪd]
verziend (bn)	long-sighted	[ˌlɒŋ'saɪtɪd]
scheelheid (de)	squint	[skwɪnt]
scheel (bn)	squint-eyed	[skwɪnt aɪd]
grauwe staar (de)	cataract	['kætərækt]
glaucoom (het)	glaucoma	[glɔ:'kəʊmə]

beroerte (de)	stroke	[strəʊk]
hartinfarct (het)	heart attack	['hɑːt əˌtæk]
myocardiaal infarct (het)	myocardial infarction	[ˌmaɪəʊ'kɑːdɪəl ɪn'fɑːkʃən]
verlamming (de)	paralysis	[pə'ræləsɪs]
verlammen (ww)	to paralyse (vt)	[tə 'pærəlaɪz]

allergie (de)	allergy	['ælədʒɪ]
astma (de/het)	asthma	['æsmə]
diabetes (de)	diabetes	[ˌdaɪə'bi:ti:z]

| tandpijn (de) | toothache | ['tu:θeɪk] |
| tandbederf (het) | caries | ['keəri:z] |

diarree (de)	diarrhoea	[ˌdaɪə'rɪə]
constipatie (de)	constipation	[ˌkɒnstɪ'peɪʃən]
maagstoornis (de)	stomach upset	['stʌmək 'ʌpset]
voedselvergiftiging (de)	food poisoning	[fu:d 'pɔɪzənɪŋ]

artritis (de)	arthritis	[ɑː'θraɪtɪs]
rachitis (de)	rickets	['rɪkɪts]
reuma (het)	rheumatism	['ru:mətɪzəm]
arteriosclerose (de)	atherosclerosis	[ˌæθərəʊsklɪ'rəʊsɪs]

gastritis (de)	gastritis	[gæs'traɪtɪs]
blindedarmontsteking (de)	appendicitis	[əˌpendɪ'saɪtɪs]
galblaasontsteking (de)	cholecystitis	[ˌkɒlɪsɪs'taɪtɪs]

zweer (de)	ulcer	['ʌlsə(r)]
mazelen (mv.)	measles	['miːzəlz]
rodehond (de)	German measles	['dʒɜːmən 'miːzəlz]
geelzucht (de)	jaundice	['dʒɔːndɪs]
leverontsteking (de)	hepatitis	[ˌhepə'taɪtɪs]

schizofrenie (de)	schizophrenia	[ˌskɪtsə'friːnɪə]
dolheid (de)	rabies	['reɪbiːz]
neurose (de)	neurosis	[ˌnjʊə'rəʊsɪs]
hersenschudding (de)	concussion	[kən'kʌʃən]

kanker (de)	cancer	['kænsə(r)]
sclerose (de)	sclerosis	[sklə'rəʊsɪs]
multiple sclerose (de)	multiple sclerosis	['mʌltɪpəl sklə'rəʊsɪs]

alcoholisme (het)	alcoholism	['ælkəhɒlɪzəm]
alcoholicus (de)	alcoholic	[ˌælkə'hɒlɪk]
syfilis (de)	syphilis	['sɪfɪlɪs]
AIDS (de)	AIDS	[eɪdz]

tumor (de)	tumour	['tjuːmə(r)]
koorts (de)	fever	['fiːvə(r)]
malaria (de)	malaria	[mə'leərɪə]
gangreen (het)	gangrene	['gæŋgriːn]
zeeziekte (de)	seasickness	['siːsɪknɪs]
epilepsie (de)	epilepsy	['epɪlepsɪ]

epidemie (de)	epidemic	[ˌepɪ'demɪk]
tyfus (de)	typhus	['taɪfəs]
tuberculose (de)	tuberculosis	[tjuːˌbɜːkjʊ'ləʊsɪs]
cholera (de)	cholera	['kɒlərə]
pest (de)	plague	[pleɪg]

69. Symptomen. Behandelingen. Deel 1

symptoom (het)	symptom	['sɪmptəm]
temperatuur (de)	temperature	['temprətʃə(r)]
verhoogde temperatuur (de)	high temperature	[haɪ 'temprətʃə(r)]
polsslag (de)	pulse	[pʌls]

duizeling (de)	giddiness	['gɪdɪnɪs]
heet (erg warm)	hot	[hɒt]
koude rillingen (mv.)	shivering	['ʃɪvərɪŋ]
bleek (bn)	pale	[peɪl]

hoest (de)	cough	[kɒf]
hoesten (ww)	to cough (vi)	[tə kɒf]
niezen (ww)	to sneeze (vi)	[tə sniːz]
flauwte (de)	faint	[feɪnt]
flauwvallen (ww)	to faint (vi)	[tə feɪnt]

blauwe plek (de)	bruise	[bruːz]
buil (de)	bump	[bʌmp]
zich stoten (ww)	to bang (vi)	[tə bæŋ]

| kneuzing (de) | bruise | [bru:z] |
| kneuzen (gekneusd zijn) | to get a bruise | [tə get ə bru:z] |

hinken (ww)	to limp (vi)	[tə lɪmp]
verstuiking (de)	dislocation	[ˌdɪslə'keɪʃən]
verstuiken (enkel, enz.)	to dislocate (vt)	[tə 'dɪsləkeɪt]
breuk (de)	fracture	['fræktʃə(r)]
een breuk oplopen	to have a fracture	[tə hæv ə 'fræktʃə(r)]

snijwond (de)	cut	[kʌt]
zich snijden (ww)	to cut oneself	[tə kʌt wʌn'self]
bloeding (de)	bleeding	['bli:dɪŋ]

| brandwond (de) | burn | [bɜ:n] |
| zich branden (ww) | to get burned | [tə get 'bɜ:nd] |

prikken (ww)	to prick (vt)	[tə prɪk]
zich prikken (ww)	to prick oneself	[tə prɪk wʌn'self]
blesseren (ww)	to injure (vt)	[tə 'ɪndʒə(r)]
blessure (letsel)	injury	['ɪndʒərɪ]
wond (de)	wound	[wu:nd]
trauma (het)	trauma	['trɔ:mə]

IJlen (ww)	to be delirious	[tə bi dɪ'lɪrɪəs]
stotteren (ww)	to stutter (vi)	[tə 'stʌtə(r)]
zonnesteek (de)	sunstroke	['sʌnstrəʊk]

70. Symptomen. Behandelingen. Deel 2

| pijn (de) | pain | [peɪn] |
| splinter (de) | splinter | ['splɪntə(r)] |

zweet (het)	sweat	[swet]
zweten (ww)	to sweat (vi)	[tə swet]
braking (de)	vomiting	['vɒmɪtɪŋ]
stuiptrekkingen (mv.)	convulsions	[kən'vʌlʃənz]

zwanger (bn)	pregnant	['pregnənt]
geboren worden (ww)	to be born	[tə bi bɔ:n]
geboorte (de)	delivery, labour	[dɪ'lɪvərɪ], ['leɪbə(r)]
baren (ww)	to deliver (vt)	[tə dɪ'lɪvə(r)]
abortus (de)	abortion	[ə'bɔ:ʃən]

ademhaling (de)	breathing, respiration	['bri:ðɪŋ], [ˌrespə'reɪʃən]
inademing (de)	inhalation	[ˌɪnhə'leɪʃən]
uitademing (de)	exhalation	[ˌeksə'leɪʃən]
uitademen (ww)	to exhale (vi)	[tə eks'heɪl]
inademen (ww)	to inhale (vi)	[tə ɪn'heɪl]

invalide (de)	disabled person	[dɪs'eɪbəld 'pɜ:sən]
gehandicapte (de)	cripple	['krɪpəl]
drugsverslaafde (de)	drug addict	['drʌgˌædɪkt]
doof (bn)	deaf	[def]
stom (bn)	dumb	[dʌm]

doofstom (bn)	deaf-and-dumb	[ˌdef ənd ˈdʌm]
krankzinnig (bn)	mad, insane	[mæd], [ɪnˈseɪn]
krankzinnige (man)	madman	[ˈmædmən]
krankzinnige (vrouw)	madwoman	[ˈmædˌwʊmən]
krankzinnig worden	to go insane	[tə gəʊ ɪnˈseɪn]

gen (het)	gene	[dʒiːn]
immuniteit (de)	immunity	[ɪˈmjuːnətɪ]
erfelijk (bn)	hereditary	[hɪˈredɪtərɪ]
aangeboren (bn)	congenital	[kənˈdʒenɪtəl]

virus (het)	virus	[ˈvaɪrəs]
microbe (de)	microbe	[ˈmaɪkrəʊb]
bacterie (de)	bacterium	[bækˈtɪərɪəm]
infectie (de)	infection	[ɪnˈfekʃən]

71. Symptomen. Behandelingen. Deel 3

ziekenhuis (het)	hospital	[ˈhɒspɪtəl]
patiënt (de)	patient	[ˈpeɪʃənt]

diagnose (de)	diagnosis	[ˌdaɪəgˈnəʊsɪs]
genezing (de)	cure	[kjʊə]
medische behandeling (de)	treatment	[ˈtriːtmənt]
onder behandeling zijn	to get treatment	[tə get ˈtriːtmənt]
behandelen (ww)	to treat (vt)	[tə triːt]
zorgen (zieken ~)	to nurse (vt)	[tə nɜːs]
ziekenzorg (de)	care	[keə(r)]

operatie (de)	operation, surgery	[ˌɒpəˈreɪʃən], [ˈsɜːdʒərɪ]
verbinden (een arm ~)	to bandage (vt)	[tə ˈbændɪdʒ]
verband (het)	bandaging	[ˈbændɪdʒɪŋ]
vaccin (het)	vaccination	[ˌvæksɪˈneɪʃən]
inenten (vaccineren)	to vaccinate (vt)	[tə ˈvæksɪneɪt]
injectie (de)	injection, shot	[ɪnˈdʒekʃən], [ʃɒt]
een injectie geven	to give an injection	[təˌgɪv ən ɪnˈdʒekʃən]

aanval (de)	attack	[əˈtæk]
amputatie (de)	amputation	[ˌæmpjʊˈteɪʃən]
amputeren (ww)	to amputate (vt)	[tə ˈæmpjuteɪt]
coma (het)	coma	[ˈkəʊmə]
in coma liggen	to be in a coma	[tə bi ɪn ə ˈkəʊmə]
intensieve zorg, ICU (de)	intensive care	[ɪnˈtensɪv ˌkeə(r)]

zich herstellen (ww)	to recover (vi)	[tə rɪˈkʌvə(r)]
toestand (de)	state	[steɪt]
bewustzijn (het)	consciousness	[ˈkɒnʃəsnɪs]
geheugen (het)	memory	[ˈmemərɪ]

trekken (een kies ~)	to pull out	[tə ˌpʊl ˈaʊt]
vulling (de)	filling	[ˈfɪlɪŋ]
vullen (ww)	to fill (vt)	[tə fɪl]
hypnose (de)	hypnosis	[hɪpˈnəʊsɪs]
hypnotiseren (ww)	to hypnotize (vt)	[tə ˈhɪpnətaɪz]

72. Artsen

dokter, arts (de)	doctor	['dɒktə(r)]
ziekenzuster (de)	nurse	[nɜ:s]
lijfarts (de)	private physician	['praɪvɪt fɪ'zɪʃən]
tandarts (de)	dentist	['dentɪst]
oogarts (de)	ophthalmologist	[ˌɒfθæl'mɒlədʒɪst]
therapeut (de)	general practitioner	['dʒenərəl præk'tɪʃənə]
chirurg (de)	surgeon	['sɜ:dʒən]
psychiater (de)	psychiatrist	[saɪ'kaɪətrɪst]
pediater (de)	paediatrician	[ˌpi:dɪə'trɪʃən]
psycholoog (de)	psychologist	[saɪ'kɒlədʒɪst]
gynaecoloog (de)	gynaecologist	[ˌgaɪnɪ'kɒlədʒɪst]
cardioloog (de)	cardiologist	[ˌkɑ:dɪ'ɒlədʒɪst]

73. Geneeskunde. Medicijnen. Accessoires

geneesmiddel (het)	medicine, drug	['medsɪn], [drʌg]
middel (het)	remedy	['remədɪ]
voorschrijven (ww)	to prescribe (vt)	[tə prɪ'skraɪb]
recept (het)	prescription	[prɪ'skrɪpʃən]
tablet (de/het)	tablet, pill	['tæblɪt], [pɪl]
zalf (de)	ointment	['ɔɪntmənt]
ampul (de)	ampoule	['æmpu:l]
drank (de)	mixture	['mɪkstʃə(r)]
siroop (de)	syrup	['sɪrəp]
pil (de)	pill	[pɪl]
poeder (de/het)	powder	['paʊdə(r)]
verband (het)	bandage	['bændɪdʒ]
watten (mv.)	cotton wool	['kɒtən ˌwʊl]
jodium (het)	iodine	['aɪədi:n]
pleister (de)	plaster	['plɑ:stə(r)]
pipet (de)	eyedropper	[aɪ 'drɒpə(r)]
thermometer (de)	thermometer	[θə'mɒmɪtə(r)]
spuit (de)	syringe	[sɪ'rɪndʒ]
rolstoel (de)	wheelchair	['wi:lˌtʃeə(r)]
krukken (mv.)	crutches	[krʌtʃɪz]
pijnstiller (de)	painkiller	['peɪnˌkɪlə(r)]
laxeermiddel (het)	laxative	['læksətɪv]
spiritus (de)	spirit, ethanol	['spɪrɪt], ['eθənɒl]
medicinale kruiden (mv.)	medicinal herbs	[mə'dɪsɪnəl hɜ:bz]
kruiden- (abn)	herbal	['hɜ:bəl]

74. Roken. Tabaksproducten

tabak (de)	**tobacco**	[tə'bækəʊ]
sigaret (de)	**cigarette**	[ˌsɪgə'ret]
sigaar (de)	**cigar**	[sɪ'gɑ:(r)]
pijp (de)	**pipe**	[paɪp]
pakje (~ sigaretten)	**packet**	['pækɪt]

lucifers (mv.)	**matches**	[mætʃɪz]
luciferdoosje (het)	**matchbox**	['mætʃbɒks]
aansteker (de)	**lighter**	['laɪtə(r)]
asbak (de)	**ashtray**	['æʃtreɪ]
sigarettendoosje (het)	**cigarette case**	[ˌsɪgə'ret keɪs]

sigarettenpijpje (het)	**cigarette holder**	[ˌsɪgə'ret 'həʊldə(r)]
filter (de/het)	**filter**	['fɪltə(r)]

roken (ww)	**to smoke** (vi, vt)	[tə sməʊk]
een sigaret opsteken	**to light a cigarette**	[tə ˌlaɪt ə ˌsɪgə'ret]
roken (het)	**smoking**	['sməʊkɪŋ]
roker (de)	**smoker**	['sməʊkə(r)]

peuk (de)	**cigarette end**	[ˌsɪgə'ret end]
rook (de)	**smoke**	[sməʊk]
as (de)	**ash**	[æʃ]

HET MENSELIJKE LEEFGEBIED

Stad

75. Stad. Het leven in de stad

stad (de)	city, town	['sɪtɪ], [taʊn]
hoofdstad (de)	capital	['kæpɪtəl]
dorp (het)	village	['vɪlɪdʒ]

plattegrond (de)	city map	['sɪtɪˌmæp]
centrum (ov. een stad)	city centre	['sɪtɪ ˌsentə(r)]
voorstad (de)	suburb	['sʌbɜ:b]
voorstads- (abn)	suburban	[sə'bɜ:bən]

randgemeente (de)	outskirts	['aʊtskɜ:ts]
omgeving (de)	environs	[ɪn'vaɪərənz]
blok (huizenblok)	city block	['sɪtɪ blɒk]
woonwijk (de)	residential quarter	[ˌrezɪ'denʃəl 'kwɔ:tə(r)]

verkeer (het)	traffic	['træfɪk]
verkeerslicht (het)	traffic lights	['træfɪk laɪts]
openbaar vervoer (het)	public transport	['pʌblɪk 'trænspɔ:t]
kruispunt (het)	crossroads	['krɒsrəʊdz]

zebrapad (oversteekplaats)	zebra crossing	['zebrə ˌkrɒsɪŋ]
onderdoorgang (de)	pedestrian subway	[pɪ'destrɪən 'sʌbweɪ]
oversteken (de straat ~)	to cross (vt)	[tə krɒs]
voetganger (de)	pedestrian	[pɪ'destrɪən]
trottoir (het)	pavement	['peɪvmənt]

| brug (de) | bridge | [brɪdʒ] |
| dijk (de) | embankment | [ɪm'bæŋkmənt] |

allee (de)	allée	[ale]
park (het)	park	[pɑ:k]
boulevard (de)	boulevard	['bu:ləvɑ:d]
plein (het)	square	[skweə(r)]
laan (de)	avenue	['ævənju:]
straat (de)	street	[stri:t]
zijstraat (de)	side street	[saɪd stri:t]
doodlopende straat (de)	dead end	[ˌded 'end]

huis (het)	house	[haʊs]
gebouw (het)	building	['bɪldɪŋ]
wolkenkrabber (de)	skyscraper	['skaɪˌskreɪpə(r)]

| gevel (de) | facade | [fə'sɑ:d] |
| dak (het) | roof | [ru:f] |

venster (het)	window	['wɪndəʊ]
boog (de)	arch	[ɑ:tʃ]
pilaar (de)	column	['kɒləm]
hoek (ov. een gebouw)	corner	['kɔ:nə(r)]

vitrine (de)	shop window	[ʃɒp 'wɪndəʊ]
gevelreclame (de)	shop sign	[ʃɒp saɪn]
affiche (de/het)	poster	['pəʊstə(r)]
reclameposter (de)	advertising poster	['ædvətaɪzɪŋ 'pəʊstə(r)]
aanplakbord (het)	hoarding	['hɔ:dɪŋ]

vuilnis (de/het)	rubbish	['rʌbɪʃ]
vuilnisbak (de)	rubbish bin	['rʌbɪʃ bɪn]
afval weggooien (ww)	to litter (vi)	[tə 'lɪtə(r)]
stortplaats (de)	rubbish dump	['rʌbɪʃ dʌmp]

telefooncel (de)	phone box	['fəʊn ˌbɒks]
straatlicht (het)	street light	['stri:t laɪt]
bank (de)	bench	[bentʃ]

politieagent (de)	police officer	[pə'li:s 'ɒfɪsə(r)]
politie (de)	police	[pə'li:s]
zwerver (de)	beggar	['begə(r)]
dakloze (de)	homeless	['həʊmlɪs]

76. Stedelijke instellingen

winkel (de)	shop	[ʃɒp]
apotheek (de)	chemist	['kemɪst]
optiek (de)	optician	[ɒp'tɪʃən]
winkelcentrum (het)	shopping centre	['ʃɒpɪŋ 'sentə(r)]
supermarkt (de)	supermarket	['su:pəˌmɑ:kɪt]

bakkerij (de)	bakery	['beɪkərɪ]
bakker (de)	baker	['beɪkə(r)]
banketbakkerij (de)	sweet shop	[swi:t ʃɒp]
kruidenier (de)	grocery shop	['grəʊsərɪ ʃɒp]
slagerij (de)	butcher shop	['bʊtʃəzʃɒp]

| groentewinkel (de) | greengrocer | ['gri:nˌgrəʊsə] |
| markt (de) | market | ['mɑ:kɪt] |

koffiehuis (het)	coffee bar	['kɒfɪ bɑ:(r)]
restaurant (het)	restaurant	['restrɒnt]
bar (de)	pub	[pʌb]
pizzeria (de)	pizzeria	[ˌpi:tsə'rɪə]

kapperssalon (de/het)	hairdresser	['heəˌdresə(r)]
postkantoor (het)	post office	[pəʊst 'ɒfɪs]
stomerij (de)	dry cleaners	[ˌdraɪ 'kli:nəz]
fotostudio (de)	photo studio	['fəʊtəʊ 'stju:dɪəʊ]

| schoenwinkel (de) | shoe shop | ['ʃu: ʃɒp] |
| boekhandel (de) | bookshop | ['bʊkʃɒp] |

sportwinkel (de)	sports shop	['spɔːts ʃɒp]
kledingreparatie (de)	clothing repair	['kləʊðɪŋ rɪ'peə(r)]
kledingverhuur (de)	formal wear hire	['fɔːməl weə 'haɪə(r)]
videotheek (de)	DVD rental shop	[‚diːviː'diː 'rentəl ʃɒp]

circus (de/het)	circus	['sɜːkəs]
dierentuin (de)	zoo	[zuː]
bioscoop (de)	cinema	['sɪnəmə]
museum (het)	museum	[mjuː'ziːəm]
bibliotheek (de)	library	['laɪbrərɪ]

theater (het)	theatre	['θɪətə(r)]
opera (de)	opera	['ɒpərə]
nachtclub (de)	nightclub	[naɪt klʌb]
casino (het)	casino	[kə'siːnəʊ]

moskee (de)	mosque	[mɒsk]
synagoge (de)	synagogue	['sɪnəgɒg]
kathedraal (de)	cathedral	[kə'θiːdrəl]
tempel (de)	temple	['tempəl]
kerk (de)	church	[tʃɜːtʃ]

instituut (het)	college	['kɒlɪdʒ]
universiteit (de)	university	[‚juːnɪ'vɜːsətɪ]
school (de)	school	[skuːl]

gemeentehuis (het)	prefecture	['priːfek‚tjʊə(r)]
stadhuis (het)	city hall	['sɪtɪ ‚hɔːl]
hotel (het)	hotel	[həʊ'tel]
bank (de)	bank	[bæŋk]

ambassade (de)	embassy	['embəsɪ]
reisbureau (het)	travel agency	['trævəl 'eɪdʒənsɪ]
informatieloket (het)	information office	[‚ɪnfə'meɪʃən 'ɒfɪs]
wisselkantoor (het)	money exchange	['mʌnɪ ɪks'tʃeɪndʒ]

| metro (de) | underground, tube | ['ʌndəgraʊnd], [tjuːb] |
| ziekenhuis (het) | hospital | ['hɒspɪtəl] |

| benzinestation (het) | petrol station | ['petrəl 'steɪʃən] |
| parking (de) | car park | [kɑː pɑːk] |

77. Stedelijk vervoer

bus, autobus (de)	bus, coach	[bʌs], [kəʊtʃ]
tram (de)	tram	[træm]
trolleybus (de)	trolleybus	['trɒlɪbʌs]
route (de)	route	[ruːt]
nummer (busnummer, enz.)	number	['nʌmbə(r)]

rijden met ...	to go by ...	[tə gəʊ baɪ]
stappen (in de bus ~)	to get on	[tə get ɒn]
afstappen (ww)	to get off ...	[tə get ɒf]
halte (de)	stop	[stɒp]

volgende halte (de)	next stop	[ˌnekst ˈstɒp]
eindpunt (het)	terminus	[ˈtɜːmɪnəs]
dienstregeling (de)	timetable	[ˈtaɪmˌteɪbəl]
wachten (ww)	to wait (vt)	[tə weɪt]

kaartje (het)	ticket	[ˈtɪkɪt]
reiskosten (de)	fare	[feə(r)]

kassier (de)	cashier	[kæˈʃɪə(r)]
kaartcontrole (de)	ticket inspection	[ˈtɪkɪt ɪnˈspekʃən]
controleur (de)	inspector	[ɪnˈspektə(r)]

te laat zijn (ww)	to be late	[tə bi ˈleɪt]
zich haasten (ww)	to be in a hurry	[tə bi ɪn ə ˈhʌrɪ]

taxi (de)	taxi, cab	[ˈtæksɪ], [kæb]
taxichauffeur (de)	taxi driver	[ˈtæksɪ ˈdraɪvə(r)]
met de taxi (bw)	by taxi	[baɪ ˈtæksɪ]
taxistandplaats (de)	taxi rank	[ˈtæksɪ ræŋk]
een taxi bestellen	to call a taxi	[tə kɔːl ə ˈtæksɪ]
een taxi nemen	to take a taxi	[tə ˌteɪk ə ˈtæksɪ]

verkeer (het)	traffic	[ˈtræfɪk]
file (de)	traffic jam	[ˈtræfɪk dʒæm]
spitsuur (het)	rush hour	[ˈrʌʃ ˌaʊə(r)]
parkeren (on.ww.)	to park (vi)	[tə pɑːk]
parkeren (ov.ww.)	to park (vt)	[tə pɑːk]
parking (de)	car park	[kɑː pɑːk]

metro (de)	underground, tube	[ˈʌndəgraʊnd], [tjuːb]
halte (bijv. kleine treinhalte)	station	[ˈsteɪʃən]
de metro nemen	to take the tube	[tə ˌteɪk ðə tjuːb]
trein (de)	train	[treɪn]
station (treinstation)	train station	[treɪn ˈsteɪʃən]

78. Bezienswaardigheden

monument (het)	monument	[ˈmɒnjʊmənt]
vesting (de)	fortress	[ˈfɔːtrɪs]
paleis (het)	palace	[ˈpælɪs]
kasteel (het)	castle	[ˈkɑːsəl]
toren (de)	tower	[ˈtaʊə(r)]
mausoleum (het)	mausoleum	[ˌmɔːzəˈlɪəm]

architectuur (de)	architecture	[ˈɑːkɪtektʃə(r)]
middeleeuws (bn)	medieval	[ˌmedɪˈiːvəl]
oud (bn)	ancient	[ˈeɪnʃənt]
nationaal (bn)	national	[ˈnæʃənəl]
bekend (bn)	well-known	[welˈnəʊn]

toerist (de)	tourist	[ˈtʊərɪst]
gids (de)	guide	[gaɪd]
rondleiding (de)	excursion	[ɪkˈskɜːʃən]
tonen (ww)	to show (vt)	[tə ʃəʊ]

vertellen (ww)	to tell (vt)	[tə tel]
vinden (ww)	to find (vt)	[tə faɪnd]
verdwalen (de weg kwijt zijn)	to get lost	[tə get lɒst]
plattegrond (~ van de metro)	map	[mæp]
plattegrond (~ van de stad)	map	[mæp]

souvenir (het)	souvenir, gift	[ˌsuːvəˈnɪə], [gɪft]
souvenirwinkel (de)	gift shop	[ˈgɪftˌʃɒp]
een foto maken (ww)	to take pictures	[tə ˌteɪk ˈpɪktʃəz]

79. Winkelen

kopen (ww)	to buy (vt)	[tə baɪ]
aankoop (de)	purchase	[ˈpɜːtʃəs]
winkelen (ww)	to go shopping	[tə gəʊ ˈʃɒpɪŋ]
winkelen (het)	shopping	[ˈʃɒpɪŋ]

open zijn (ov. een winkel, enz.)	to be open	[tə bi ˈəʊpən]
gesloten zijn (ww)	to be closed	[tə bi kləʊzd]

schoeisel (het)	footwear	[ˈfʊtweə(r)]
kleren (mv.)	clothes, clothing	[kləʊðz], [ˈkləʊðɪŋ]
cosmetica (de)	cosmetics	[kɒzˈmetɪks]
voedingswaren (mv.)	food products	[fuːd ˈprɒdʌkts]
geschenk (het)	gift, present	[gɪft], [ˈprezənt]

verkoper (de)	shop assistant	[ʃɒp əˈsɪstənt]
verkoopster (de)	shop assistant	[ʃɒp əˈsɪstənt]

kassa (de)	cash desk	[kæʃ desk]
spiegel (de)	mirror	[ˈmɪrə(r)]
toonbank (de)	counter	[ˈkaʊntə(r)]
paskamer (de)	fitting room	[ˈfɪtɪŋ ˌrum]

aanpassen (ww)	to try on (vt)	[tə ˌtraɪ ˈɒn]
passen (ov. kleren)	to fit (vt)	[tə fɪt]
bevallen (prettig vinden)	to fancy (vt)	[tə ˈfænsɪ]

prijs (de)	price	[praɪs]
prijskaartje (het)	price tag	[ˈpraɪs tæg]
kosten (ww)	to cost (vt)	[tə kɒst]
Hoeveel?	How much?	[ˌhaʊ ˈmʌtʃ]
korting (de)	discount	[ˈdɪskaʊnt]

niet duur (bn)	inexpensive	[ˌɪnɪkˈspensɪv]
goedkoop (bn)	cheap	[tʃiːp]
duur (bn)	expensive	[ɪkˈspensɪv]
Dat is duur.	It's expensive	[ɪts ɪkˈspensɪv]

verhuur (de)	hire	[ˈhaɪə(r)]
huren (smoking, enz.)	to hire (vt)	[tə ˈhaɪə(r)]
krediet (het)	credit	[ˈkredɪt]
op krediet (bw)	on credit	[ɒn ˈkredɪt]

80. Geld

geld (het)	money	['mʌnɪ]
ruil (de)	currency exchange	['kʌrənsɪ ɪks'tʃeɪndʒ]
koers (de)	exchange rate	[ɪks'tʃeɪndʒ reɪt]
geldautomaat (de)	cashpoint	['kæʃpɔɪnt]
muntstuk (de)	coin	[kɔɪn]

| dollar (de) | dollar | ['dɒlə(r)] |
| euro (de) | euro | ['juərəʊ] |

lire (de)	lira	['lɪərə]
Duitse mark (de)	Deutschmark	['dɔɪtʃmɑːk]
frank (de)	franc	[fræŋk]
pond sterling (het)	pound sterling	[paʊnd 'stɜːlɪŋ]
yen (de)	yen	[jen]

schuld (geldbedrag)	debt	[det]
schuldenaar (de)	debtor	['detə(r)]
uitlenen (ww)	to lend (vt)	[tə lend]
lenen (geld ~)	to borrow (vt)	[tə 'bɒrəʊ]

bank (de)	bank	[bæŋk]
bankrekening (de)	account	[ə'kaʊnt]
storten (ww)	to deposit (vt)	[tə dɪ'pɒzɪt]

kredietkaart (de)	credit card	['kredɪt kɑːd]
baar geld (het)	cash	[kæʃ]
cheque (de)	cheque	[tʃek]
een cheque uitschrijven	to write a cheque	[tə ˌraɪt ə 'tʃek]
chequeboekje (het)	chequebook	['tʃekˌbʊk]

portefeuille (de)	wallet	['wɒlɪt]
geldbeugel (de)	purse	[pɜːs]
safe (de)	safe	[seɪf]

erfgenaam (de)	heir	[eə(r)]
erfenis (de)	inheritance	[ɪn'herɪtəns]
fortuin (het)	fortune	['fɔːtʃuːn]

huur (de)	lease, let	[liːs], [let]
huurprijs (de)	rent	[rent]
huren (huis, kamer)	to rent (vt)	[tə rent]

prijs (de)	price	[praɪs]
kostprijs (de)	cost	[kɒst]
som (de)	sum	[sʌm]

kosten (mv.)	expenses	[ɪk'spensɪz]
bezuinigen (ww)	to economize (vi, vt)	[tə ɪ'kɒnəmaɪz]
zuinig (bn)	economical	[ˌiːkə'nɒmɪkəl]

betalen (ww)	to pay (vi, vt)	[tə peɪ]
betaling (de)	payment	['peɪmənt]
wisselgeld (het)	change	[tʃeɪndʒ]

belasting (de)	tax	[tæks]
boete (de)	fine	[faɪn]
beboeten (bekeuren)	to fine (vt)	[tə faɪn]

81. Post. Postkantoor

postkantoor (het)	post office	[pəʊst 'ɒfɪs]
post (de)	post	[pəʊst]
postbode (de)	postman	[pəʊstmən]
openingsuren (mv.)	opening hours	['əʊpənɪŋ ˌaʊəz]

brief (de)	letter	['letə(r)]
aangetekende brief (de)	registered letter	['redʒɪstəd 'letə(r)]
briefkaart (de)	postcard	['pəʊstkɑːd]
telegram (het)	telegram	['telɪɡræm]
postpakket (het)	parcel	['pɑːsəl]
overschrijving (de)	money transfer	['mʌnɪ trænsˈfɜː(r)]

ontvangen (ww)	to receive (vt)	[tə rɪ'siːv]
sturen (zenden)	to send (vt)	[tə send]
verzending (de)	sending	['sendɪŋ]

adres (het)	address	[ə'dres]
postcode (de)	postcode	['pəʊstkəʊd]
verzender (de)	sender	['sendə(r)]
ontvanger (de)	receiver	[rɪ'siːvə(r)]

| naam (de) | name | [neɪm] |
| achternaam (de) | family name | ['fæmlɪ ˌneɪm] |

tarief (het)	rate	[reɪt]
standaard (bn)	standard	['stændəd]
zuinig (bn)	economical	[ˌiːkə'nɒmɪkəl]

gewicht (het)	weight	[weɪt]
afwegen (op de weegschaal)	to weigh up (vt)	[tə weɪt ʌp]
envelop (de)	envelope	['envələʊp]
postzegel (de)	postage stamp	['pəʊstɪdʒ ˌstæmp]
een postzegel plakken op	to stamp an envelope	[tə stæmp ən 'envələʊp]

Woning. Huis. Thuis

82. Huis. Woning

huis (het)	house	[haʊs]
thuis (bw)	at home	[ət həʊm]
cour (de)	courtyard	[ˈkɔːtjɑːd]
omheining (de)	fence	[fens]
baksteen (de)	brick	[brɪk]
van bakstenen	brick	[brɪk]
steen (de)	stone	[stəʊn]
stenen (bn)	stone	[stəʊn]
beton (het)	concrete	[ˈkɒŋkriːt]
van beton	concrete	[ˈkɒŋkriːt]
nieuw (bn)	new	[njuː]
oud (bn)	old	[əʊld]
vervallen (bn)	decrepit	[dɪˈkrepɪt]
modern (bn)	modern	[ˈmɒdən]
met veel verdiepingen	multistorey	[ˌmʌltɪˈstɔːrɪ]
hoog (bn)	high	[haɪ]
verdieping (de)	floor, storey	[flɔː(r)], [ˈstɔːrɪ]
met een verdieping	single-storey	[ˈsɪŋgəl ˈstɔːrɪ]
laagste verdieping (de)	ground floor	[graʊnd flɔː(r)]
bovenverdieping (de)	top floor	[tɒp flɔː(r)]
dak (het)	roof	[ruːf]
schoorsteen (de)	chimney	[ˈtʃɪmnɪ]
dakpan (de)	roof tiles	[ruːf taɪlz]
pannen- (abn)	tiled	[taɪld]
zolder (de)	loft, attic	[lɒft], [ˈætɪk]
venster (het)	window	[ˈwɪndəʊ]
glas (het)	glass	[glɑːs]
vensterbank (de)	window ledge	[ˈwɪndəʊ ledʒ]
luiken (mv.)	shutters	[ˈʃʌtəz]
muur (de)	wall	[wɔːl]
balkon (het)	balcony	[ˈbælkənɪ]
regenpijp (de)	downpipe	[ˈdaʊnpaɪp]
boven (bw)	upstairs	[ˌʌpˈsteəz]
naar boven gaan (ww)	to go upstairs	[tə gəʊ ˌʌpˈsteəz]
afdalen (on.ww.)	to come down	[tə kʌm daʊn]
verhuizen (ww)	to move (vi)	[tə muːv]

83. Huis. Ingang. Lift

ingang (de)	entrance	['entrəns]
trap (de)	stairs	[steəz]
treden (mv.)	steps	[steps]
trapleuning (de)	banisters	['bænɪstə(r)z]
hal (de)	lobby	['lɒbɪ]
postbus (de)	postbox	['pəʊstbɒks]
vuilnisbak (de)	rubbish container	['rʌbɪʃ kən'teɪnə(r)]
vuilniskoker (de)	refuse chute	['refjuːs ʃuːt]
lift (de)	lift	[lɪft]
goederenlift (de)	goods lift	['gʊdz lɪft]
liftcabine (de)	lift cage	[lɪft keɪdʒ]
de lift nemen	to take the lift	[tə ˌteɪk ðə 'lɪft]
appartement (het)	flat	[flæt]
bewoners (mv.)	residents	['rezɪdənts]
buren (mv.)	neighbours	['neɪbəz]

84. Huis. Deuren. Sloten

deur (de)	door	[dɔː(r)]
toegangspoort (de)	vehicle gate	['viːɪkəl geɪt]
deurkruk (de)	handle	['hændəl]
ontsluiten (ontgrendelen)	to unlock (vt)	[tə ˌʌn'lɒk]
openen (ww)	to open (vt)	[tə 'əʊpən]
sluiten (ww)	to close (vt)	[tə kləʊz]
sleutel (de)	key	[kiː]
sleutelbos (de)	bunch	[bʌntʃ]
knarsen (bijv. scharnier)	to creak (vi)	[tə kriːk]
knarsgeluid (het)	creak	[kriːk]
scharnier (het)	hinge	[hɪndʒ]
deurmat (de)	doormat	['dɔːmæt]
slot (het)	lock	[lɒk]
sleutelgat (het)	keyhole	['kiːhəʊl]
grendel (de)	bolt	[bəʊlt]
schuif (de)	latch	[lætʃ]
hangslot (het)	padlock	['pædlɒk]
aanbellen (ww)	to ring (vt)	[tə rɪŋ]
bel (geluid)	ringing	['rɪŋɪŋ]
deurbel (de)	doorbell	['dɔːbel]
belknop (de)	button	['bʌtən]
geklop (het)	knock	[nɒk]
kloppen (ww)	to knock (vi)	[tə nɒk]
code (de)	code	[kəʊd]
cijferslot (het)	code lock	[kəʊd ˌlɒk]
parlofoon (de)	intercom	['ɪntəkɒm]

nummer (het)	number	[ˈnʌmbə(r)]
naambordje (het)	doorplate	[ˈdɔːpleɪt]
deurspion (de)	peephole	[ˈpiːphəʊl]

85. Huis op het platteland

dorp (het)	village	[ˈvɪlɪdʒ]
moestuin (de)	vegetable garden	[ˈvedʒtəbəl ˈgɑːdən]
hek (het)	fence	[fens]
houten hekwerk (het)	picket fence	[ˈpɪkɪt fens]
tuinpoortje (het)	wicket gate	[ˈwɪkɪt geɪt]

graanschuur (de)	granary	[ˈgrænərɪ]
wortelkelder (de)	root cellar	[ruːt ˈselə(r)]
schuur (de)	shed	[ʃed]
waterput (de)	well	[wel]
kachel (de)	stove	[stəʊv]
de kachel stoken	to heat the stove	[tə hiːt ðə stəʊv]
brandhout (het)	firewood	[ˈfaɪəwʊd]
houtblok (het)	log	[lɒg]

veranda (de)	veranda	[vəˈrændə]
terras (het)	terrace	[ˈterəs]
bordes (het)	front steps	[ˈfrʌnt ˌsteps]
schommel (de)	swing	[swɪŋ]

86. Kasteel. Paleis

kasteel (het)	castle	[ˈkɑːsəl]
paleis (het)	palace	[ˈpælɪs]
vesting (de)	fortress	[ˈfɔːtrɪs]

ringmuur (de)	wall	[wɔːl]
toren (de)	tower	[ˈtaʊə(r)]
donjon (de)	keep, donjon	[kiːp], [ˈdɒndʒən]

valhek (het)	portcullis	[ˌpɔːtˈkʌlɪs]
onderaardse gang (de)	subterranean passage	[ˌsʌbtəˈreɪnɪən ˈpæsɪdʒ]
slotgracht (de)	moat	[məʊt]
ketting (de)	chain	[tʃeɪn]
schietgat (het)	arrow loop	[ˈærəʊ luːp]
prachtig (bn)	magnificent	[mægˈnɪfɪsənt]
majestueus (bn)	majestic	[məˈdʒestɪk]
onneembaar (bn)	impregnable	[ɪmˈpregnəbəl]
middeleeuws (bn)	medieval	[ˌmedɪˈiːvəl]

87. Appartement

appartement (het)	flat	[flæt]
kamer (de)	room	[ruːm]

slaapkamer (de)	bedroom	['bedrʊm]
eetkamer (de)	dining room	['daɪnɪŋ rʊm]
salon (de)	living room	['lɪvɪŋ ruːm]
studeerkamer (de)	study	['stʌdɪ]

gang (de)	entry room	['entrɪ ruːm]
badkamer (de)	bathroom	['bɑːθrʊm]
toilet (het)	water closet	['wɔːtə 'klɒzɪt]

plafond (het)	ceiling	['siːlɪŋ]
vloer (de)	floor	[flɔː(r)]
hoek (de)	corner	['kɔːnə(r)]

88. Appartement. Schoonmaken

schoonmaken (ww)	to clean (vi, vt)	[tə kliːn]
stof (het)	dust	[dʌst]
stoffig (bn)	dusty	['dʌstɪ]
stoffen (ww)	to dust (vt)	[tə dʌst]
stofzuiger (de)	vacuum cleaner	['vækjʊəm 'kliːnə(r)]
stofzuigen (ww)	to vacuum (vt)	[tə 'vækjʊəm]

vegen (de vloer ~)	to sweep (vi, vt)	[tə swiːp]
veegsel (het)	sweepings	['swiːpɪŋz]
orde (de)	order	['ɔːdə(r)]
wanorde (de)	disorder	[dɪs'ɔːdə(r)]

zwabber (de)	mop	[mɒp]
poetsdoek (de)	duster	['dʌstə(r)]
veger (de)	broom	[bruːm]
stofblik (het)	dustpan	['dʌstpæn]

89. Meubels. Interieur

meubels (mv.)	furniture	['fɜːnɪtʃə(r)]
tafel (de)	table	['teɪbəl]
stoel (de)	chair	[tʃeə(r)]
bed (het)	bed	[bed]
bankstel (het)	sofa, settee	['səʊfə], [se'tiː]
fauteuil (de)	armchair	['ɑːmtʃeə(r)]

boekenkast (de)	bookcase	['bʊkkeɪs]
boekenrek (het)	shelf	[ʃelf]
stellingkast (de)	set of shelves	[set əv ʃelvz]

kledingkast (de)	wardrobe	['wɔːdrəʊb]
kapstok (de)	coat rack	['kəʊt ˌræk]
staande kapstok (de)	coat stand	['kəʊt stænd]

commode (de)	chest of drawers	[ˌtʃest əv 'drɔːz]
salontafeltje (het)	coffee table	['kɒfɪ 'teɪbəl]
spiegel (de)	mirror	['mɪrə(r)]

tapijt (het)	carpet	['kɑ:pɪt]
tapijtje (het)	small carpet	[smɔ:l 'kɑ:pɪt]

haard (de)	fireplace	['faɪəpleɪs]
kaars (de)	candle	['kændəl]
kandelaar (de)	candlestick	['kændəlstɪk]

gordijnen (mv.)	drapes	[dreɪps]
behang (het)	wallpaper	['wɔ:l‚peɪpə(r)]
jaloezie (de)	blinds	[blaɪndz]

bureaulamp (de)	table lamp	['teɪbəl læmp]
staande lamp (de)	standard lamp	['stændəd læmp]
luchter (de)	chandelier	[‚ʃændə'lɪə(r)]

poot (ov. een tafel, enz.)	leg	[leg]
armleuning (de)	armrest	['ɑ:mrest]
rugleuning (de)	back	[bæk]
la (de)	drawer	[drɔ:(r)]

90. Beddengoed

beddengoed (het)	bedclothes	['bedkləʊðz]
kussen (het)	pillow	['pɪləʊ]
kussenovertrek (de)	pillowslip	['pɪləʊslɪp]
deken (de)	blanket	['blæŋkɪt]
laken (het)	sheet	[ʃi:t]
sprei (de)	bedspread	['bedspred]

91. Keuken

keuken (de)	kitchen	['kɪtʃɪn]
gas (het)	gas	[gæs]
gasfornuis (het)	gas stove	['gæs stəʊv]
elektrisch fornuis (het)	electric stove	[ɪ'lektrɪk stəʊv]
oven (de)	oven	['ʌvən]
magnetronoven (de)	microwave oven	['maɪkrəweɪv 'ʌvən]

koelkast (de)	refrigerator	[rɪ'frɪdʒəreɪtə(r)]
diepvriezer (de)	freezer	['fri:zə(r)]
vaatwasmachine (de)	dishwasher	['dɪʃ‚wɒʃə(r)]

vleesmolen (de)	mincer	['mɪnsə(r)]
vruchtenpers (de)	juicer	['dʒu:sə]
toaster (de)	toaster	['təʊstə(r)]
mixer (de)	mixer	['mɪksə(r)]

koffiemachine (de)	coffee maker	['kɒfɪ 'meɪkə(r)]
koffiepot (de)	coffee pot	['kɒfɪ pɒt]
koffiemolen (de)	coffee grinder	['kɒfɪ 'graɪndə(r)]
fluitketel (de)	kettle	['ketəl]
theepot (de)	teapot	['ti:pɒt]

deksel (de/het)	lid	[lɪd]
theezeefje (het)	tea strainer	[tiː ˈstreɪnə(r)]

lepel (de)	spoon	[spuːn]
theelepeltje (het)	teaspoon	[ˈtiːspuːn]
eetlepel (de)	tablespoon	[ˈteɪbəlspuːn]
vork (de)	fork	[fɔːk]
mes (het)	knife	[naɪf]

vaatwerk (het)	tableware	[ˈteɪbəlweə(r)]
bord (het)	plate	[pleɪt]
schoteltje (het)	saucer	[ˈsɔːsə(r)]

likeurglas (het)	shot glass	[ʃɒt glɑːs]
glas (het)	glass	[glɑːs]
kopje (het)	cup	[kʌp]

suikerpot (de)	sugar bowl	[ˈʃʊgə ˌbəʊl]
zoutvat (het)	salt shaker	[sɒlt ˈʃeɪkə]
pepervat (het)	pepper shaker	[ˈpepə ˈʃeɪkə]
boterschaaltje (het)	butter dish	[ˈbʌtə dɪʃ]

steelpan (de)	saucepan	[ˈsɔːspən]
bakpan (de)	frying pan	[ˈfraɪɪŋ pæn]
pollepel (de)	ladle	[ˈleɪdəl]
vergiet (de/het)	colander	[ˈkʌləndə(r)]
dienblad (het)	tray	[treɪ]

fles (de)	bottle	[ˈbɒtəl]
glazen pot (de)	jar	[dʒɑː(r)]
blik (conserven~)	tin	[tɪn]

flesopener (de)	bottle opener	[ˈbɒtəl ˈəʊpənə(r)]
blikopener (de)	tin opener	[tɪn ˈəʊpənə(r)]
kurkentrekker (de)	corkscrew	[ˈkɔːkskruː]
filter (de/het)	filter	[ˈfɪltə(r)]
filteren (ww)	to filter (vt)	[tə ˈfɪltə(r)]

huisvuil (het)	rubbish	[ˈrʌbɪʃ]
vuilnisemmer (de)	rubbish bin	[ˈrʌbɪʃ bɪn]

92. Badkamer

badkamer (de)	bathroom	[ˈbɑːθrʊm]
water (het)	water	[ˈwɔːtə(r)]
kraan (de)	tap	[tæp]
warm water (het)	hot water	[hɒt ˈwɔːtə(r)]
koud water (het)	cold water	[ˌkəʊld ˈwɔːtə(r)]

tandpasta (de)	toothpaste	[ˈtuːθpeɪst]
tanden poetsen (ww)	to clean one's teeth	[tə kliːn wʌns ˈtiːθ]

zich scheren (ww)	to shave (vi)	[tə ʃeɪv]
scheercrème (de)	shaving foam	[ˈʃeɪvɪŋ fəʊm]

scheermes (het)	razor	['reɪzə(r)]
wassen (ww)	to wash (vt)	[tə wɒʃ]
een bad nemen	to have a bath	[tə hæv ə bɑ:θ]
douche (de)	shower	['ʃaʊə(r)]
een douche nemen	to have a shower	[tə hæv ə 'ʃaʊə(r)]

bad (het)	bath	[bɑ:θ]
toiletpot (de)	toilet	['tɔɪlɪt]
wastafel (de)	sink, washbasin	[sɪŋk], ['wɒʃ,beɪsən]

| zeep (de) | soap | [səʊp] |
| zeepbakje (het) | soap dish | ['səʊpdɪʃ] |

spons (de)	sponge	[spʌndʒ]
shampoo (de)	shampoo	[ʃæm'pu:]
handdoek (de)	towel	['taʊəl]
badjas (de)	bathrobe	['bɑ:θrəʊb]

was (bijv. handwas)	laundry	['lɔ:ndrɪ]
wasmachine (de)	washing machine	['wɒʃɪŋ mə'ʃi:n]
de was doen	to do the laundry	[tə du: ðə 'lɔ:ndrɪ]
waspoeder (de)	washing powder	['wɒʃɪŋ 'paʊdə(r)]

93. Huishoudelijke apparaten

televisie (de)	TV, telly	[ˌti:'vi:], ['telɪ]
cassettespeler (de)	tape recorder	[teɪp rɪ'kɔ:də(r)]
videorecorder (de)	video	['vɪdɪəʊ]
radio (de)	radio	['reɪdɪəʊ]
speler (de)	player	['pleɪə(r)]

videoprojector (de)	video projector	['vɪdɪəʊ prə'dʒektə(r)]
home theater systeem (het)	home cinema	[həʊm 'sɪnəmə]
DVD-speler (de)	DVD player	[ˌdi:vi:'di: 'pleɪə(r)]
versterker (de)	amplifier	['æmplɪfaɪə]
spelconsole (de)	video game console	['vɪdɪəʊ geɪm 'kɒnsəʊl]

videocamera (de)	video camera	['vɪdɪəʊ 'kæmərə]
fotocamera (de)	camera	['kæmərə]
digitale camera (de)	digital camera	['dɪdʒɪtəl 'kæmərə]

stofzuiger (de)	vacuum cleaner	['vækjʊəm 'kli:nə(r)]
strijkijzer (het)	iron	['aɪən]
strijkplank (de)	ironing board	['aɪrənɪŋ bɔ:d]

telefoon (de)	telephone	['telɪfəʊn]
mobieltje (het)	mobile phone	['məʊbaɪl fəʊn]
schrijfmachine (de)	typewriter	['taɪp,raɪtə(r)]
naaimachine (de)	sewing machine	['səʊɪŋ mə'ʃi:n]

microfoon (de)	microphone	['maɪkrəfəʊn]
koptelefoon (de)	headphones	['hedfəʊnz]
afstandsbediening (de)	remote control	[rɪ'məʊt kən'trəʊl]
CD (de)	CD, compact disc	[ˌsi:'di:], [kəm'pækt dɪsk]

| cassette (de) | cassette | [kæˈset] |
| vinylplaat (de) | vinyl record | [ˈvaɪnɪl ˈrekɔːd] |

94. Reparaties. Renovatie

renovatie (de)	renovations	[ˌrenəˈveɪʃənz]
renoveren (ww)	to renovate (vt)	[tə ˈrenəveɪt]
repareren (ww)	to repair (vt)	[tə rɪˈpeə(r)]
op orde brengen	to put in order	[tə pʊt ɪn ˈɔːdə(r)]
overdoen (ww)	to redo (vt)	[tə ˌriːˈduː]

verf (de)	paint	[peɪnt]
verven (muur ~)	to paint (vt)	[tə peɪnt]
schilder (de)	house painter	[haʊs ˈpeɪntə(r)]
kwast (de)	brush	[brʌʃ]

| kalk (de) | whitewash | [ˈwaɪtwɒʃ] |
| kalken (ww) | to whitewash (vt) | [tə ˈwaɪtwɒʃ] |

behang (het)	wallpaper	[ˈwɔːlˌpeɪpə(r)]
behangen (ww)	to wallpaper (vt)	[tə ˈwɔːlˌpeɪpə]
lak (de/het)	varnish	[ˈvɑːnɪʃ]
lakken (ww)	to varnish (vt)	[tə ˈvɑːnɪʃ]

95. Loodgieterswerk

water (het)	water	[ˈwɔːtə(r)]
warm water (het)	hot water	[hɒt ˈwɔːtə(r)]
koud water (het)	cold water	[ˌkəʊld ˈwɔːtə(r)]
kraan (de)	tap	[tæp]

druppel (de)	drop	[drɒp]
druppelen (ww)	to drip (vi)	[tə drɪp]
lekken (een lek hebben)	to leak (vi)	[tə liːk]

| lekkage (de) | leak | [liːk] |
| plasje (het) | puddle | [ˈpʌdəl] |

buis, leiding (de)	pipe	[paɪp]
stopkraan (de)	stop valve	[stɒp vælv]
verstopt raken (ww)	to be clogged up	[tə biː ˌklɒgd ˈʌp]

| gereedschap (het) | tools | [tuːlz] |
| Engelse sleutel (de) | adjustable spanner | [əˈdʒʌstəbəl ˈspænə(r)] |

| losschroeven (ww) | to unscrew (vt) | [tə ˌʌnˈskruː] |
| aanschroeven (ww) | to screw (vt) | [tə skruː] |

ontstoppen (riool, enz.)	to unclog (vt)	[tə ˌʌnˈklɒg]
loodgieter (de)	plumber	[ˈplʌmə(r)]
kelder (de)	basement	[ˈbeɪsmənt]
riolering (de)	sewerage	[ˈsuərɪdʒ]

96. Brand. Vuurzee

vuur (het)	fire	['faɪə(r)]
vlam (de)	flame	[fleɪm]
vonk (de)	spark	[spɑːk]
rook (de)	smoke	[sməʊk]
fakkel (de)	torch	[tɔːtʃ]
kampvuur (het)	campfire	['kæmp‚faɪə(r)]

benzine (de)	petrol	['petrəl]
kerosine (de)	paraffin	['pærəfɪn]
brandbaar (bn)	flammable	['flæməbəl]
ontplofbaar (bn)	explosive	[ɪk'spləʊsɪv]
VERBODEN TE ROKEN!	NO SMOKING	[nəʊ 'sməʊkɪŋ]

veiligheid (de)	safety	['seɪftɪ]
gevaar (het)	danger	['deɪndʒə(r)]
gevaarlijk (bn)	dangerous	['deɪndʒərəs]

in brand vliegen (ww)	to catch fire	[tə kætʃ 'faɪə(r)]
explosie (de)	explosion	[ɪk'spləʊʒən]
in brand steken (ww)	to set fire	[tə set 'faɪə(r)]
brandstichter (de)	arsonist	['ɑːsənɪst]
brandstichting (de)	arson	['ɑːsən]

vlammen (ww)	to blaze (vi)	[tə bleɪz]
branden (ww)	to burn (vi)	[tə bɜːn]
afbranden (ww)	to burn down (vi)	[tə bɜːn daʊn]

de brandweer bellen	to call the fire brigade	[tə kɔːl ðə 'faɪə brɪ'geɪd]
brandweerman (de)	firefighter	['faɪəfaɪtə]
brandweerwagen (de)	fire engine	['faɪər 'endʒɪn]
brandweer (de)	fire brigade	['faɪə brɪ'geɪd]
uitschuifbare ladder (de)	fire engine ladder	['faɪər 'endʒɪn 'lædə]

brandslang (de)	fire hose	[‚faɪə 'həʊz]
brandblusser (de)	fire extinguisher	['faɪər ɪk'stɪŋgwɪʃə(r)]
helm (de)	helmet	['helmɪt]
sirene (de)	siren	['saɪərən]

roepen (ww)	to cry (vi)	[tə kraɪ]
hulp roepen	to call for help	[tə kɔːl fɔː help]
redder (de)	rescuer	['reskjʊə(r)]
redden (ww)	to rescue (vt)	[tə 'reskjuː]

aankomen (per auto, enz.)	to arrive (vi)	[tə ə'raɪv]
blussen (ww)	to extinguish (vt)	[tə ɪk'stɪŋgwɪʃ]
water (het)	water	['wɔːtə(r)]
zand (het)	sand	[sænd]

ruïnes (mv.)	ruins	['ruːɪnz]
instorten (gebouw, enz.)	to collapse (vi)	[tə kə'læps]
ineenstorten (ww)	to fall down (vi)	[tə fɔːl daʊn]
inzakken (ww)	to cave in	[tə keɪv ɪn]
brokstuk (het)	piece of wreckage	[piːs əv 'rekɪdʒ]

as (de)	ash	[æʃ]
verstikken (ww)	to suffocate (vi)	[tə 'sʌfəkeɪt]
omkomen (ww)	to be killed	[tə bi: 'kɪld]

MENSELIJKE ACTIVITEITEN

Baan. Business. Deel 1

97. Bankieren

bank (de)	bank	[bæŋk]
bankfiliaal (het)	branch	[brɑːntʃ]
bankbediende (de)	consultant	[kən'sʌltənt]
manager (de)	manager	['mænɪdʒə(r)]
bankrekening (de)	bank account	[bæŋk ə'kaʊnt]
rekeningnummer (het)	account number	[ə'kaʊnt 'nʌmbə(r)]
lopende rekening (de)	current account	['kʌrənt ə'kaʊnt]
spaarrekening (de)	deposit account	[dɪ'pɒzɪt ə'kaʊnt]
een rekening openen	to open an account	[tu 'əʊpən ən ə'kaʊnt]
de rekening sluiten	to close the account	[tə kləʊz ðɪ ə'kaʊnt]
storting (de)	deposit	[dɪ'pɒzɪt]
een storting maken	to make a deposit	[tə meɪk ə dɪ'pɒzɪt]
overschrijving (de)	wire transfer	['waɪə 'trænsfɜː(r)]
een overschrijving maken	to wire, to transfer	[tə 'waɪə], [tə træns'fɜː]
som (de)	sum	[sʌm]
Hoeveel?	How much?	[ˌhaʊ 'mʌtʃ]
handtekening (de)	signature	['sɪgnətʃə(r)]
ondertekenen (ww)	to sign (vt)	[tə saɪn]
kredietkaart (de)	credit card	['kredɪt kɑːd]
code (de)	code	[kəʊd]
kredietkaartnummer (het)	credit card number	['kredɪt kɑːd 'nʌmbə(r)]
geldautomaat (de)	cashpoint	['kæʃpɔɪnt]
cheque (de)	cheque	[tʃek]
een cheque uitschrijven	to write a cheque	[tə ˌraɪt ə 'tʃek]
chequeboekje (het)	chequebook	['tʃekˌbʊk]
lening, krediet (de)	loan	[ləʊn]
een lening aanvragen	to apply for a loan	[tə ə'plaɪ fɔːrə ləʊn]
een lening nemen	to get a loan	[tə get ə ləʊn]
een lening verlenen	to give a loan	[tə gɪv ə ləʊn]
garantie (de)	guarantee	[ˌgærən'tiː]

98. Telefoon. Telefoongesprek

telefoon (de)	telephone	['telɪfəʊn]
mobieltje (het)	mobile phone	['məʊbaɪl fəʊn]
antwoordapparaat (het)	answering machine	['ɑ:nserɪŋ mə'ʃi:n]
bellen (ww)	to ring (vi, vt)	[tə rɪŋ]
belletje (telefoontje)	call, ring	[kɔ:l], [rɪŋ]
een nummer draaien	to dial a number	[tə 'daɪəl ə 'nʌmbə(r)]
Hallo!	Hello!	[hə'ləʊ]
vragen (ww)	to ask (vt)	[tə ɑ:sk]
antwoorden (ww)	to answer (vi, vt)	[tə 'ɑ:nsə(r)]
horen (ww)	to hear (vt)	[tə hɪə(r)]
goed (bw)	well	[wel]
slecht (bw)	not well	[nɒt wel]
storingen (mv.)	noises	[nɔɪzɪz]
hoorn (de)	receiver	[rɪ'si:və(r)]
opnemen (ww)	to pick up the phone	[tə pɪk ʌp ðə fəʊn]
ophangen (ww)	to hang up	[tə hæŋg ʌp]
bezet (bn)	engaged	[ɪn'geɪdʒd]
overgaan (ww)	to ring (vi)	[tə rɪŋ]
telefoonboek (het)	telephone book	['telɪfəʊn bʊk]
lokaal (bn)	local	['ləʊkəl]
interlokaal (bn)	trunk	[trʌŋk]
buitenlands (bn)	international	[ˌɪntə'næʃənəl]

99. Mobiele telefoon

mobieltje (het)	mobile phone	['məʊbaɪl fəʊn]
scherm (het)	display	[dɪ'spleɪ]
toets, knop (de)	button	['bʌtən]
simkaart (de)	SIM card	[sɪm kɑ:d]
batterij (de)	battery	['bætərɪ]
leeg zijn (ww)	to be flat	[tə bi flæt]
acculader (de)	charger	['tʃɑ:dʒə(r)]
menu (het)	menu	['menju:]
instellingen (mv.)	settings	['setɪŋz]
melodie (beltoon)	tune	[tju:n]
selecteren (ww)	to select (vt)	[tə sɪ'lekt]
rekenmachine (de)	calculator	['kælkjʊleɪtə(r)]
voicemail (de)	voice mail	[vɔɪs meɪl]
wekker (de)	alarm clock	[ə'lɑ:m klɒk]
contacten (mv.)	contacts	['kɒntækts]
SMS-bericht (het)	SMS	[ˌesem'es]
abonnee (de)	subscriber	[səb'skraɪbə(r)]

100. Schrijfbehoeften

| balpen (de) | ballpoint pen | ['bɔːlpɔɪnt pen] |
| vulpen (de) | fountain pen | ['faʊntɪn pen] |

potlood (het)	pencil	['pensəl]
marker (de)	highlighter	['haɪlaɪtə(r)]
viltstift (de)	felt-tip pen	[felt tɪp pen]

| notitieboekje (het) | notepad | ['nəʊtpæd] |
| agenda (boekje) | diary | ['daɪərɪ] |

liniaal (de/het)	ruler	['ruːlə(r)]
rekenmachine (de)	calculator	['kælkjʊleɪtə(r)]
gom (de)	rubber	['rʌbə(r)]
punaise (de)	drawing pin	['drɔːɪŋ pɪn]
paperclip (de)	paper clip	['peɪpə klɪp]

lijm (de)	glue	[gluː]
nietmachine (de)	stapler	['steɪplə(r)]
perforator (de)	hole punch	[həʊl pʌntʃ]
potloodslijper (de)	pencil sharpener	['pensəl 'ʃɑːpənə(r)]

Baan. Business. Deel 2

101. Massamedia

krant (de)	newspaper	['nju:z,peɪpə(r)]
tijdschrift (het)	magazine	[ˌmæɡə'zi:n]
pers (gedrukte media)	press	[pres]
radio (de)	radio	['reɪdɪəʊ]
radiostation (het)	radio station	['reɪdɪəʊ 'steɪʃən]
televisie (de)	television	['telɪˌvɪʒən]

presentator (de)	presenter, host	[prɪ'zentə(r)], [həʊst]
nieuwslezer (de)	newsreader	['nju:zˌri:də(r)]
commentator (de)	commentator	['kɒmənˌteɪtə(r)]

journalist (de)	journalist	['dʒɜ:nəlɪst]
correspondent (de)	correspondent	[ˌkɒrɪ'spɒndənt]
fotocorrespondent (de)	press photographer	[pres fə'tɒɡrəfə(r)]
reporter (de)	reporter	[rɪ'pɔ:tə(r)]

| redacteur (de) | editor | ['edɪtə(r)] |
| chef-redacteur (de) | editor-in-chief | ['edɪtər ɪn tʃi:f] |

zich abonneren op	to subscribe to ...	[tə səb'skraɪb]
abonnement (het)	subscription	[səb'skrɪpʃən]
abonnee (de)	subscriber	[səb'skraɪbə(r)]
lezen (ww)	to read (vi, vt)	[tə ri:d]
lezer (de)	reader	['ri:də(r)]

oplage (de)	circulation	[ˌsɜ:kjʊ'leɪʃən]
maand-, maandelijks (bn)	monthly	['mʌnθlɪ]
wekelijks (bn)	weekly	['wi:klɪ]
nummer (het)	issue	['ɪʃu:]
vers (~ van de pers)	new, recent	[nju:], ['ri:sənt]

kop (de)	headline	['hedlaɪn]
korte artikel (het)	short article	[ʃɔ:t 'ɑ:tɪkəl]
rubriek (de)	column	['kɒləm]
artikel (het)	article	['ɑ:tɪkəl]
pagina (de)	page	[peɪdʒ]

reportage (de)	reportage, report	[ˌrepɔ:'tɑ:ʒ], [rɪ'pɔ:t]
gebeurtenis (de)	event	[ɪ'vent]
sensatie (de)	sensation	[sen'seɪʃən]
schandaal (het)	scandal	['skændəl]
schandalig (bn)	scandalous	['skændələs]
groot (~ schandaal, enz.)	great	[greɪt]

| programma (het) | programme | ['prəʊɡræm] |
| interview (het) | interview | ['ɪntəvju:] |

| live uitzending (de) | live broadcast | [laɪv 'brɔːdkɑːst] |
| kanaal (het) | channel | ['tʃænəl] |

102. Landbouw

landbouw (de)	agriculture	['ægrɪˌkʌltʃə(r)]
boer (de)	peasant	['pezənt]
boerin (de)	peasant	['pezənt]
landbouwer (de)	farmer	['fɑːmə(r)]

| tractor (de) | tractor | ['træktə(r)] |
| maaidorser (de) | harvester | ['hɑːvɪstə(r)] |

ploeg (de)	plough	[plaʊ]
ploegen (ww)	to plough (vi, vt)	[tə plaʊ]
akkerland (het)	ploughland	[plaʊ lænd]
voor (de)	furrow	['fʌrəʊ]

zaaien (ww)	to sow (vi, vt)	[tə səʊ]
zaaimachine (de)	seeder	['siːdə(r)]
zaaien (het)	sowing	['səʊɪŋ]

| zeis (de) | scythe | [saɪð] |
| maaien (ww) | to mow, to scythe | [tə məʊ], [tə saɪð] |

| schop (de) | spade | [speɪd] |
| spitten (ww) | to till (vt) | [tə tɪl] |

schoffel (de)	hoe	[həʊ]
wieden (ww)	to hoe, to weed	[tə həʊ], [tə wiːd]
onkruid (het)	weed	[wiːd]

gieter (de)	watering can	['wɔːtərɪŋ kæn]
begieten (water geven)	to water (vt)	[tə 'wɔːtə(r)]
bewatering (de)	watering	['wɔːtərɪŋ]

| riek, hooivork (de) | pitchfork | ['pɪtʃfɔːk] |
| hark (de) | rake | [reɪk] |

meststof (de)	fertilizer	['fɜːtɪlaɪzə(r)]
bemesten (ww)	to fertilize (vt)	[tə 'fɜːtɪlaɪz]
mest (de)	manure	[mə'njʊə(r)]

veld (het)	field	[fiːld]
wei (de)	meadow	['medəʊ]
moestuin (de)	vegetable garden	['vedʒtəbəl 'gɑːdən]
boomgaard (de)	orchard	['ɔːtʃəd]

weiden (ww)	to graze (vt)	[tə greɪz]
herder (de)	herdsman	['hɜːdzmən]
weiland (de)	pastureland	['pɑːstʃələænd]

| veehouderij (de) | cattle breeding | ['kætəl 'briːdɪŋ] |
| schapenteelt (de) | sheep farming | [ʃiːp 'fɑːmɪŋ] |

plantage (de)	plantation	[plæn'teɪʃən]
rijtje (het)	row	[rəʊ]
broeikas (de)	hothouse	['hɒthaʊs]

droogte (de)	drought	[draʊt]
droog (bn)	dry	[draɪ]

graan (het)	grain	[greɪn]
oogsten (ww)	to harvest (vt)	[tə 'hɑːvɪst]

molenaar (de)	miller	['mɪlə(r)]
molen (de)	mill	[mɪl]
malen (graan ~)	to grind (vt)	[tə graɪnd]
bloem (bijv. tarwebloem)	flour	['flaʊə(r)]
stro (het)	straw	[strɔː]

103. Gebouw. Bouwproces

bouwplaats (de)	building site	['bɪldɪŋ saɪt]
bouwen (ww)	to build (vt)	[tə bɪld]
bouwvakker (de)	building worker	['bɪldɪŋ ˌwɜːkə(r)]

project (het)	project	['prɒdʒekt]
architect (de)	architect	['ɑːkɪtekt]
arbeider (de)	worker	['wɜːkə(r)]

fundering (de)	foundations	[faʊn'deɪʃənz]
dak (het)	roof	[ruːf]
heipaal (de)	foundation pile	[faʊn'deɪʃən paɪl]
muur (de)	wall	[wɔːl]

betonstaal (het)	reinforcing bars	[ˌriːɪn'fɔːsɪŋ bɑː(r)s]
steigers (mv.)	scaffolding	['skæfəldɪŋ]

beton (het)	concrete	['kɒŋkriːt]
graniet (het)	granite	['grænɪt]
steen (de)	stone	[stəʊn]
baksteen (de)	brick	[brɪk]

zand (het)	sand	[sænd]
cement (de/het)	cement	[sɪ'ment]
pleister (het)	plaster	['plɑːstə(r)]
pleisteren (ww)	to plaster (vt)	[tə 'plɑːstə(r)]
verf (de)	paint	[peɪnt]
verven (muur ~)	to paint (vt)	[tə peɪnt]
ton (de)	barrel	['bærəl]

kraan (de)	crane	[kreɪn]
heffen, hijsen (ww)	to lift (vt)	[tə lɪft]
neerlaten (ww)	to lower (vt)	[tə 'ləʊə(r)]

bulldozer (de)	bulldozer	['bʊldəʊzə(r)]
graafmachine (de)	excavator	['ekskəˌveɪtə(r)]
graafbak (de)	scoop, bucket	[skuːp], ['bʌkɪt]

graven (tunnel, enz.)	**to dig** (vt)	[tə dɪg]
helm (de)	**hard hat**	[hɑ:d hæt]

Beroepen en ambachten

104. Zoeken naar werk. Ontslag

baan (de)	job	[dʒɒb]
werknemers (mv.)	staff	[stɑːf]
carrière (de)	career	[kəˈrɪə(r)]
vooruitzichten (mv.)	prospects	[ˈprɒspekts]
meesterschap (het)	skills, mastery	[skɪls], [ˈmɑːstərɪ]
keuze (de)	selection	[sɪˈlekʃən]
uitzendbureau (het)	employment agency	[ɪmˈplɔɪmənt ˈeɪdʒənsɪ]
CV, curriculum vitae (het)	CV	[ˌsiːˈviː]
sollicitatiegesprek (het)	interview	[ˈɪntəvjuː]
vacature (de)	vacancy	[ˈveɪkənsɪ]
salaris (het)	salary, pay	[ˈsælərɪ], [peɪ]
loon (het)	pay, compensation	[peɪ], [ˌkɒmpenˈseɪʃən]
betrekking (de)	position	[pəˈzɪʃən]
taak, plicht (de)	duty	[ˈdjuːtɪ]
takenpakket (het)	range of duties	[reɪndʒ əv ˈdjuːtɪz]
bezig (~ zijn)	busy	[ˈbɪzɪ]
ontslagen (ww)	to fire, to dismiss	[tə ˈfaɪə], [tə dɪsˈmɪs]
ontslag (het)	dismissal	[dɪsˈmɪsəl]
werkloosheid (de)	unemployment	[ˌʌnɪmˈplɔɪmənt]
werkloze (de)	unemployed	[ˌʌnɪmˈplɔɪd]
pensioen (het)	retirement	[rɪˈtaɪəmənt]
met pensioen gaan	to retire (vi)	[tə rɪˈtaɪə(r)]

105. Zakenmensen

directeur (de)	director	[dɪˈrektə(r)]
beheerder (de)	manager	[ˈmænɪdʒə(r)]
hoofd (het)	boss	[bɒs]
baas (de)	superior	[suːˈpɪərɪə]
superieuren (mv.)	superiors	[suːˈpɪərɪərz]
president (de)	president	[ˈprezɪdənt]
voorzitter (de)	chairman	[ˈtʃeəmən]
adjunct (de)	deputy	[ˈdepjʊtɪ]
assistent (de)	assistant	[əˈsɪstənt]
secretaris (de)	secretary	[ˈsekrətərɪ]
persoonlijke assistent (de)	personal assistant	[ˈpɜːsənəl əˈsɪstənt]

zakenman (de)	businessman	[ˈbɪznɪsmæn]
ondernemer (de)	entrepreneur	[ˌɒntrəprəˈnɜː(r)]
oprichter (de)	founder	[ˈfaʊndə(r)]
oprichten	to found (vt)	[tə faʊnd]
(een nieuw bedrijf ~)		

stichter (de)	incorporator	[ɪnˈkɔːpəreɪtə]
partner (de)	partner	[ˈpɑːtnə(r)]
aandeelhouder (de)	shareholder	[ˈʃeəˌhəʊldə(r)]

miljonair (de)	millionaire	[ˌmɪljəˈneə(r)]
miljardair (de)	billionaire	[ˌbɪljəˈneə(r)]
eigenaar (de)	owner	[ˈəʊnə(r)]
landeigenaar (de)	landowner	[ˈlændˌəʊnə(r)]

klant (de)	client	[ˈklaɪənt]
vaste klant (de)	regular client	[ˈregjʊlə ˈklaɪənt]
koper (de)	buyer	[ˈbaɪə(r)]
bezoeker (de)	visitor	[ˈvɪzɪtə(r)]

professioneel (de)	professional	[prəˈfeʃənəl]
expert (de)	expert	[ˈekspɜːt]
specialist (de)	specialist	[ˈspeʃəlɪst]

| bankier (de) | banker | [ˈbæŋkə(r)] |
| makelaar (de) | broker | [ˈbrəʊkə(r)] |

kassier (de)	cashier	[kæˈʃɪə(r)]
boekhouder (de)	accountant	[əˈkaʊntənt]
bewaker (de)	security guard	[sɪˈkjʊərətɪ gɑːd]

investeerder (de)	investor	[ɪnˈvestə(r)]
schuldenaar (de)	debtor	[ˈdetə(r)]
crediteur (de)	creditor	[ˈkredɪtə(r)]
lener (de)	borrower	[ˈbɒrəʊə(r)]

| importeur (de) | importer | [ɪmˈpɔːtə(r)] |
| exporteur (de) | exporter | [ekˈspɔːtə(r)] |

producent (de)	manufacturer	[ˌmænjʊˈfæktʃərə(r)]
distributeur (de)	distributor	[dɪˈstrɪbjʊtə(r)]
bemiddelaar (de)	middleman	[ˈmɪdəlmæn]

adviseur, consulent (de)	consultant	[kənˈsʌltənt]
vertegenwoordiger (de)	sales representative	[ˈseɪlz ˌreprɪˈzentətɪv]
agent (de)	agent	[ˈeɪdʒənt]
verzekeringsagent (de)	insurance agent	[ɪnˈʃɔːrəns ˈeɪdʒənt]

106. Dienstverlenende beroepen

kok (de)	cook	[kʊk]
chef-kok (de)	chef	[ʃef]
barman (de)	barman	[ˈbɑːmən]
kelner, ober (de)	waiter	[ˈweɪtə(r)]

serveerster (de)	waitress	['weɪtrɪs]
advocaat (de)	lawyer, barrister	['lɔːjə(r)], ['bærɪstə(r)]
jurist (de)	lawyer	['lɔːjə(r)]
notaris (de)	notary	['nəʊtərɪ]

elektricien (de)	electrician	[ˌɪlek'trɪʃən]
loodgieter (de)	plumber	['plʌmə(r)]
timmerman (de)	carpenter	['kɑːpəntə(r)]

masseur (de)	masseur	[mæ'sɜː]
masseuse (de)	masseuse	[mæ'suːz]
dokter, arts (de)	doctor	['dɒktə(r)]

taxichauffeur (de)	taxi driver	['tæksɪ 'draɪvə(r)]
chauffeur (de)	driver	['draɪvə(r)]
koerier (de)	delivery man	[dɪ'lɪvərɪ mæn]

kamermeisje (het)	chambermaid	['tʃeɪmbəˌmeɪd]
bewaker (de)	security guard	[sɪ'kjʊərətɪ gɑːd]
stewardess (de)	stewardess	['stjʊədɪs]

meester (de)	teacher	['tiːtʃə(r)]
bibliothecaris (de)	librarian	[laɪ'breərɪən]
vertaler (de)	translator	[træns'leɪtə(r)]
tolk (de)	interpreter	[ɪn'tɜːprɪtə(r)]
gids (de)	guide	[gaɪd]

kapper (de)	hairdresser	['heəˌdresə(r)]
postbode (de)	postman	[pəʊstmən]
verkoper (de)	shop assistant	[ʃɒp ə'sɪstənt]

tuinman (de)	gardener	['gɑːdnə(r)]
huisbediende (de)	servant	['sɜːvənt]
dienstmeisje (het)	maid	[meɪd]
schoonmaakster (de)	cleaner	['kliːnə(r)]

107. Militaire beroepen en rangen

soldaat (rang)	private	['praɪvɪt]
sergeant (de)	sergeant	['sɑːdʒənt]
luitenant (de)	lieutenant	[lef'tenənt]
kapitein (de)	captain	['kæptɪn]

majoor (de)	major	['meɪdʒə(r)]
kolonel (de)	colonel	['kɜːnəl]
generaal (de)	general	['dʒenərəl]
maarschalk (de)	marshal	['mɑːʃəl]
admiraal (de)	admiral	['ædmərəl]

militair (de)	military man	['mɪlɪtərɪ mæn]
soldaat (de)	soldier	['səʊldʒə(r)]
officier (de)	officer	['ɒfɪsə(r)]
commandant (de)	commander	[kə'mɑːndə(r)]
grenswachter (de)	border guard	['bɔːdə gɑːd]

marconist (de)	radio operator	['reɪdɪəʊ 'ɒpəreɪtə(r)]
verkenner (de)	scout	[skaʊt]
sappeur (de)	pioneer	[ˌpaɪə'nɪə(r)]
schutter (de)	marksman	['mɑːksmən]
stuurman (de)	navigator	['nævɪgeɪtə(r)]

108. Ambtenaren. Priesters

| koning (de) | king | [kɪŋ] |
| koningin (de) | queen | [kwiːn] |

| prins (de) | prince | [prɪns] |
| prinses (de) | princess | [prɪn'ses] |

| tsaar (de) | tsar | [zɑː(r)] |
| tsarina (de) | czarina | [zɑː'riːnə] |

president (de)	President	['prezɪdənt]
minister (de)	Minister	['mɪnɪstə(r)]
eerste minister (de)	Prime Minister	[praɪm 'mɪnɪstə(r)]
senator (de)	Senator	['senətə(r)]

diplomaat (de)	diplomat	['dɪpləmæt]
consul (de)	consul	['kɒnsəl]
ambassadeur (de)	ambassador	[æm'bæsədə(r)]
adviseur (de)	adviser	[əd'vaɪzə(r)]

ambtenaar (de)	official	[ə'fɪʃəl]
prefect (de)	prefect	['priːfekt]
burgemeester (de)	mayor	[meə(r)]

| rechter (de) | judge | [dʒʌdʒ] |
| aanklager (de) | prosecutor | ['prɒsɪkjuːtə(r)] |

missionaris (de)	missionary	['mɪʃənrɪ]
monnik (de)	monk	[mʌŋk]
abt (de)	abbot	['æbət]
rabbi, rabbijn (de)	rabbi	['ræbaɪ]

vizier (de)	vizier	[vɪ'zɪə(r)]
sjah (de)	shah	[ʃɑː]
sjeik (de)	sheikh	[ʃeɪk]

109. Agrarische beroepen

imker (de)	beekeeper	['biːˌkiːpə(r)]
herder (de)	shepherd	['ʃepəd]
landbouwkundige (de)	agronomist	[ə'grɒnəmɪst]
veehouder (de)	cattle breeder	['kætəl 'briːdə(r)]
dierenarts (de)	veterinary surgeon	['vetərɪnrɪ 'sɜːdʒən]
landbouwer (de)	farmer	['fɑːmə(r)]
wijnmaker (de)	winemaker	['waɪn ˌmeɪkə(r)]

| zoöloog (de) | zoologist | [zəʊ'ɒlədʒɪst] |
| cowboy (de) | cowboy | ['kaʊbɔɪ] |

110. Kunst beroepen

| acteur (de) | actor | ['æktə(r)] |
| actrice (de) | actress | ['æktrɪs] |

| zanger (de) | singer | ['sɪŋə(r)] |
| zangeres (de) | singer | ['sɪŋə(r)] |

| danser (de) | dancer | ['dɑːnsə(r)] |
| danseres (de) | dancer | ['dɑːnsə(r)] |

muzikant (de)	musician	[mjuːˈzɪʃən]
pianist (de)	pianist	['pɪənɪst]
gitarist (de)	guitar player	[gɪ'tɑːr 'pleɪə(r)]

orkestdirigent (de)	conductor	[kən'dʌktə(r)]
componist (de)	composer	[kəm'pəʊzə(r)]
impresario (de)	impresario	[ˌɪmprɪ'sɑːrɪəʊ]

filmregisseur (de)	film director	[fɪlm dɪ'rektə(r)]
filmproducent (de)	producer	[prə'djuːsə(r)]
scenarioschrijver (de)	scriptwriter	['skrɪptˌraɪtə(r)]
criticus (de)	critic	['krɪtɪk]

schrijver (de)	writer	['raɪtə(r)]
dichter (de)	poet	['pəʊɪt]
beeldhouwer (de)	sculptor	['skʌlptə(r)]
kunstenaar (de)	artist, painter	['ɑːtɪst], ['peɪntə(r)]

jongleur (de)	juggler	['dʒʌglə(r)]
clown (de)	clown	[klaʊn]
acrobaat (de)	acrobat	['ækrəbæt]
goochelaar (de)	magician	[mə'dʒɪʃən]

111. Verschillende beroepen

dokter, arts (de)	doctor	['dɒktə(r)]
ziekenzuster (de)	nurse	[nɜːs]
psychiater (de)	psychiatrist	[saɪ'kaɪətrɪst]
tandarts (de)	dentist	['dentɪst]
chirurg (de)	surgeon	['sɜːdʒən]

astronaut (de)	astronaut	['æstrənɔːt]
astronoom (de)	astronomer	[ə'strɒnəmə(r)]
piloot (de)	pilot	['paɪlət]

chauffeur (de)	driver	['draɪvə(r)]
machinist (de)	train driver	[treɪn 'draɪvə(r)]
mecanicien (de)	mechanic	[mɪ'kænɪk]

mijnwerker (de)	miner	['maɪnə(r)]
arbeider (de)	worker	['wɜːkə(r)]
bankwerker (de)	metalworker	['metəlˌwɜːkə(r)]
houtbewerker (de)	joiner	['dʒɔɪnə(r)]
draaier (de)	turner	['tɜːnə(r)]
bouwvakker (de)	building worker	['bɪldɪŋ ˌwɜːkə(r)]
lasser (de)	welder	[weldə(r)]

professor (de)	professor	[prə'fesə(r)]
architect (de)	architect	['ɑːkɪtekt]
historicus (de)	historian	[hɪ'stɔːrɪən]
wetenschapper (de)	scientist	['saɪəntɪst]
fysicus (de)	physicist	['fɪzɪsɪst]
scheikundige (de)	chemist	['kemɪst]

archeoloog (de)	archaeologist	[ˌɑːkɪ'ɒlədʒɪst]
geoloog (de)	geologist	[dʒɪ'ɒlədʒɪst]
onderzoeker (de)	researcher	[rɪ'sɜːtʃə(r)]

| babysitter (de) | babysitter | [ˌbeɪbɪ 'sɪtə(r)] |
| leraar, pedagoog (de) | teacher, educator | ['tiːtʃə(r)], ['edʒʊkeɪtə(r)] |

redacteur (de)	editor	['edɪtə(r)]
chef-redacteur (de)	editor-in-chief	['edɪtər ɪn tʃiːf]
correspondent (de)	correspondent	[ˌkɒrɪ'spɒndənt]
typiste (de)	typist	['taɪpɪst]

designer (de)	designer	[dɪ'zaɪnə(r)]
computerexpert (de)	computer expert	[kəm'pjuːtər 'eksp3ːt]
programmeur (de)	programmer	['prəʊgræmə(r)]
ingenieur (de)	engineer	[ˌendʒɪ'nɪə(r)]

matroos (de)	sailor	['seɪlə(r)]
zeeman (de)	seaman	['siːmən]
redder (de)	rescuer	['reskjʊə(r)]

brandweerman (de)	firefighter	['faɪəfaɪtə]
politieagent (de)	policeman	[pə'liːsmən]
nachtwaker (de)	watchman	['wɒtʃmən]
detective (de)	detective	[dɪ'tektɪv]

douanier (de)	customs officer	['kʌstəmz 'ɒfɪsə(r)]
lijfwacht (de)	bodyguard	['bɒdɪgɑːd]
gevangenisbewaker (de)	prison officer	['prɪzən 'ɒfɪsə(r)]
inspecteur (de)	inspector	[ɪn'spektə(r)]

sportman (de)	sportsman	['spɔːtsmən]
trainer (de)	trainer, coach	['treɪnə(r)], [kəʊtʃ]
slager, beenhouwer (de)	butcher	['bʊtʃə(r)]
schoenlapper (de)	cobbler	['kɒblə(r)]

| handelaar (de) | merchant | ['mɜːtʃənt] |
| lader (de) | loader | ['ləʊdə(r)] |

| kledingstilist (de) | fashion designer | ['fæʃən dɪ'zaɪnə(r)] |
| model (het) | model | ['mɒdəl] |

112. Beroepen. Sociale status

| scholier (de) | schoolboy | ['sku:lbɔɪ] |
| student (de) | student | ['stju:dənt] |

filosoof (de)	philosopher	[fɪ'lɒsəfə(r)]
econoom (de)	economist	[ɪ'kɒnəmɪst]
uitvinder (de)	inventor	[ɪn'ventə(r)]

werkloze (de)	unemployed	[ˌʌnɪm'plɔɪd]
gepensioneerde (de)	pensioner	['penʃənə(r)]
spion (de)	spy, secret agent	[spaɪ], ['si:krɪt 'eɪdʒənt]

gedetineerde (de)	prisoner	['prɪzənə(r)]
staker (de)	striker	['straɪkə(r)]
bureaucraat (de)	bureaucrat	['bjʊərəkræt]
reiziger (de)	traveller	['trævələ(r)]

homoseksueel (de)	homosexual	[ˌhɒmə'sekʃʊəl]
hacker (computerkraker)	hacker	['hækə(r)]
hippie (de)	hippie	['hɪpɪ]

bandiet (de)	bandit	['bændɪt]
huurmoordenaar (de)	hit man, killer	[hɪt mæn], ['kɪlə(r)]
drugsverslaafde (de)	drug addict	['drʌgˌædɪkt]
drugshandelaar (de)	drug dealer	['drʌg ˌdi:lə(r)]
prostituee (de)	prostitute	['prɒstɪtju:t]
pooier (de)	pimp	[pɪmp]

tovenaar (de)	sorcerer	['sɔ:sərə(r)]
tovenares (de)	sorceress	['sɔ:sərɪs]
piraat (de)	pirate	['paɪrət]
slaaf (de)	slave	[sleɪv]
samoerai (de)	samurai	['sæmʊraɪ]
wilde (de)	savage	['sævɪdʒ]

Sport

113. Soorten sporten. Sporters

sportman (de)	sportsman	['spɔ:tsmən]
soort sport (de/het)	kind of sport	[kaɪnd əv spɔ:t]
basketbal (het)	basketball	['ba:skɪtbɔ:l]
basketbalspeler (de)	basketball player	['ba:skɪtbɔ:l 'pleɪə(r)]
baseball (het)	baseball	['beɪsbɔ:l]
baseballspeler (de)	baseball player	['beɪsbɔ:l 'pleɪə(r)]
voetbal (het)	football	['fʊt̩bɔ:l]
voetballer (de)	football player	['fʊt̩bɔ:l 'pleɪə(r)]
doelman (de)	goalkeeper	['gəʊlˌki:pə(r)]
hockey (het)	ice hockey	['aɪs ˌhɒkɪ]
hockeyspeler (de)	ice hockey player	['aɪs ˌhɒkɪ 'pleɪə(r)]
volleybal (het)	volleyball	['vɒlɪbɔ:l]
volleybalspeler (de)	volleyball player	['vɒlɪbɔ:l 'pleɪə(r)]
boksen (het)	boxing	['bɒksɪŋ]
bokser (de)	boxer	['bɒksə(r)]
worstelen (het)	wrestling	['reslɪŋ]
worstelaar (de)	wrestler	['reslə(r)]
karate (de)	karate	[kə'ra:tɪ]
karateka (de)	karate fighter	[kə'ra:tɪ 'faɪtər]
judo (de)	judo	['dʒu:dəʊ]
judoka (de)	judo athlete	['dʒu:dəʊ 'æθli:t]
tennis (het)	tennis	['tenɪs]
tennisspeler (de)	tennis player	['tenɪs 'pleɪə(r)]
zwemmen (het)	swimming	['swɪmɪŋ]
zwemmer (de)	swimmer	['swɪmə(r)]
schermen (het)	fencing	['fensɪŋ]
schermer (de)	fencer	['fensə(r)]
schaak (het)	chess	[tʃes]
schaker (de)	chess player	[tʃes 'pleɪə(r)]
alpinisme (het)	alpinism	['ælpɪnɪzəm]
alpinist (de)	alpinist	['ælpɪnɪst]
hardlopen (het)	running	['rʌnɪŋ]

renner (de)	runner	['rʌnə(r)]
atletiek (de)	athletics	[æθ'letɪks]
atleet (de)	athlete	['æθliːt]

| paardensport (de) | horse riding | [hɔːs 'raɪdɪŋ] |
| ruiter (de) | horse rider | [hɔːs 'raɪdə(r)] |

kunstschaatsen (het)	figure skating	['fɪgə 'skeɪtɪŋ]
kunstschaatser (de)	figure skater	['fɪgə 'skeɪtə(r)]
kunstschaatsster (de)	figure skater	['fɪgə 'skeɪtə(r)]

| gewichtheffen (het) | weightlifting | ['weɪt̩lɪftɪŋ] |
| gewichtheffer (de) | weightlifter | ['weɪt̩lɪftə(r)] |

| autoraces (mv.) | car racing | [kɑː 'reɪsɪŋ] |
| coureur (de) | racing driver | ['reɪsɪŋ 'draɪvə(r)] |

| wielersport (de) | cycling | ['saɪklɪŋ] |
| wielrenner (de) | cyclist | ['saɪklɪst] |

verspringen (het)	long jump	[lɒŋ dʒʌmp]
polsstokspringen (het)	pole vaulting	[pəʊl 'vɔːltɪŋ]
verspringer (de)	jumper	['dʒʌmpə(r)]

114. Soorten sporten. Diversen

Amerikaans voetbal (het)	american football	[ə'merɪkən 'fʊt̩bɔːl]
badminton (het)	badminton	['bædmɪntən]
biatlon (de)	biathlon	[baɪ'æθlɒn]
biljart (het)	billiards	['bɪljədz]

bobsleeën (het)	bobsleigh	['bɒbsleɪ]
bodybuilding (de)	bodybuilding	['bɒdɪˌbɪldɪŋ]
waterpolo (het)	water polo	['wɔːtə 'pəʊləʊ]
handbal (de)	handball	['hændbɔːl]
golf (het)	golf	[gɒlf]

roeisport (de)	rowing	['rəʊɪŋ]
duiken (het)	scuba diving	['skuːbə 'daɪvɪŋ]
langlaufen (het)	cross-country skiing	[krɒs 'kʌntrɪ 'skiːɪŋ]
tafeltennis (het)	ping-pong	['pɪŋpɒŋ]

zeilen (het)	sailing	['seɪlɪŋ]
rally (de)	rally	['rælɪ]
rugby (het)	rugby	['rʌgbɪ]
snowboarden (het)	snowboarding	['snəʊbɔːdɪŋ]
boogschieten (het)	archery	['ɑːtʃərɪ]

115. Fitnessruimte

| lange halter (de) | barbell | ['bɑːbel] |
| halters (mv.) | dumbbells | ['dʌmbelz] |

training machine (de)	training machine	['treɪnɪŋ mə'ʃiːn]
hometrainer (de)	bicycle trainer	['baɪsɪkəl 'treɪnə(r)]
loopband (de)	treadmill	['tredmɪl]

rekstok (de)	horizontal bar	[ˌhɒrɪ'zɒntəl bɑː(r)]
brug (de) gelijke leggers	parallel bars	['pærəlel bɑːz]
paardsprong (de)	vaulting horse	['vɔːltɪŋ hɔːs]
mat (de)	mat	[mæt]

springtouw (het)	skipping rope	['skɪpɪŋ rəʊp]
aerobics (de)	aerobics	[eə'rəʊbɪks]
yoga (de)	yoga	['jəʊgə]

116. Sporten. Diversen

Olympische Spelen (mv.)	Olympic Games	[ə'lɪmpɪk geɪmz]
winnaar (de)	winner	['wɪnə(r)]
winnen (ww)	to win (vi)	[tə wɪn]

| leider (de) | leader | ['liːdə(r)] |
| leiden (ww) | to lead (vi) | [tə liːd] |

eerste plaats (de)	first place	[fɜːst pleɪs]
tweede plaats (de)	second place	['sekənd pleɪs]
derde plaats (de)	third place	[θɜːd pleɪs]

medaille (de)	medal	['medəl]
trofee (de)	trophy	['trəʊfɪ]
beker (de)	prize cup	[praɪz kʌp]
prijs (de)	prize	[praɪz]
hoofdprijs (de)	main prize	[meɪn praɪz]

| record (het) | record | ['rekɔːd] |
| een record breken | to set a record | [tə set ə 'rekɔːd] |

| finale (de) | final | ['faɪnəl] |
| finale (bn) | final | ['faɪnəl] |

| kampioen (de) | champion | ['tʃæmpjən] |
| kampioenschap (het) | championship | ['tʃæmpjənʃɪp] |

stadion (het)	stadium	['steɪdjəm]
tribune (de)	terrace	['terəs]
fan, supporter (de)	fan, supporter	[fæn], [sə'pɔːtə(r)]
tegenstander (de)	opponent, rival	[ə'pəʊnənt], ['raɪvəl]

| start (de) | start | [stɑːt] |
| finish (de) | finish line | ['fɪnɪʃ laɪn] |

rechter (de)	referee	[ˌrefə'riː]
jury (de)	jury	['dʒʊərɪ]
stand (~ is 3-1)	score	[skɔː(r)]
gelijkspel (het)	draw	[drɔː]
in gelijk spel eindigen	to draw (vi)	[tə drɔː]

| punt (het) | point | [pɔint] |
| uitslag (de) | result | [rɪ'zʌlt] |

| periode (de) | period | ['pɪərɪəd] |
| pauze (de) | half-time | [hɑ:f taɪm] |

doping (de)	doping	['dəupɪŋ]
straffen (ww)	to penalise (vt)	[tə 'pi:nəlaɪz]
diskwalificeren (ww)	to disqualify (vt)	[tə ˌdɪs'kwɒlɪfaɪ]

toestel (het)	apparatus	[ˌæpə'reɪtəs]
speer (de)	javelin	['dʒævəlɪn]
kogel (de)	shot put ball	[ʃɒt pʊt bɔ:l]
bal (de)	ball	[bɔ:l]

doel (het)	aim, target	[eɪm], ['tɑ:gɪt]
schietkaart (de)	target	['tɑ:gɪt]
schieten (ww)	to shoot (vi)	[tə ʃu:t]
precies (bijv. precieze schot)	precise	[prɪ'saɪs]

trainer, coach (de)	trainer, coach	['treɪnə(r)], [kəʊtʃ]
trainen (ww)	to train (vt)	[tə treɪn]
zich trainen (ww)	to train (vi)	[tə treɪn]
training (de)	training	['treɪnɪŋ]

gymnastiekzaal (de)	gym	[dʒɪm]
oefening (de)	exercise	['eksəsaɪz]
opwarming (de)	warm-up	[ˌwɔ:m'ʌp]

Onderwijs

117. School

school (de)	school	[sku:l]
schooldirecteur (de)	headmaster	[ˌhed'mɑːstə(r)]
leerling (de)	pupil	['pjuːpəl]
leerlinge (de)	pupil	['pjuːpəl]
scholier (de)	schoolboy	['skuːlbɔɪ]
scholiere (de)	schoolgirl	['skuːlɡɜːl]
leren (lesgeven)	to teach (vt)	[tə tiːtʃ]
studeren (bijv. een taal ~)	to learn (vt)	[tə lɜːn]
van buiten leren	to learn by heart	[tə lɜːn baɪ hɑːt]
leren (bijv. ~ tellen)	to learn (vt)	[tə lɜːn]
naar school gaan	to go to school	[tə ɡəʊ tə skuːl]
alfabet (het)	alphabet	['ælfəbet]
vak (schoolvak)	subject	['sʌbdʒɪkt]
klaslokaal (het)	classroom	['klɑːsrʊm]
les (de)	lesson	['lesən]
pauze (de)	playtime, break	['pleɪtaɪm], [breɪk]
bel (de)	school bell	[skuːl bel]
schooltafel (de)	desk	[desk]
schoolbord (het)	blackboard	['blækˌbɔːd]
cijfer (het)	mark	[mɑːk]
goed cijfer (het)	good mark	[ɡʊd mɑːk]
slecht cijfer (het)	bad mark	[bæd mɑːk]
een cijfer geven	to give a mark	[tə ɡɪv ə mɑːk]
fout (de)	mistake	[mɪ'steɪk]
fouten maken	to make mistakes	[tə meɪk mɪ'steɪks]
corrigeren (fouten ~)	to correct (vt)	[tə kə'rekt]
spiekbriefje (het)	crib	[krɪb]
huiswerk (het)	homework	['həʊmwɜːk]
oefening (de)	exercise	['eksəsaɪz]
aanwezig zijn (ww)	to be present	[tə bi 'prezənt]
absent zijn (ww)	to be absent	[tə bi 'æbsənt]
school verzuimen	to miss school	[tə mɪs skuːl]
bestraffen (een stout kind ~)	to punish (vt)	[tə 'pʌnɪʃ]
bestraffing (de)	punishment	['pʌnɪʃmənt]
gedrag (het)	conduct	['kɒndʌkt]
cijferlijst (de)	school report	[skuːl rɪ'pɔːt]

potlood (het)	pencil	['pensəl]
gom (de)	rubber	['rʌbə(r)]
krijt (het)	chalk	[tʃɔːk]
pennendoos (de)	pencil case	['pensəl keɪs]

boekentas (de)	schoolbag	['skuːlbæg]
pen (de)	pen	[pen]
schrift (de)	exercise book	['eksəsaɪz bʊk]
leerboek (het)	textbook	['tekstbʊk]
passer (de)	compasses	['kʌmpəsɪz]

technisch tekenen (ww)	to make technical drawings	[tə meɪk 'teknɪkəl 'drɔːɪŋs]
technische tekening (de)	technical drawing	['teknɪkəl 'drɔːɪŋ]

gedicht (het)	poem	['pəʊɪm]
van buiten (bw)	by heart	[baɪ hɑːt]
van buiten leren	to learn by heart	[tə lɜːn baɪ hɑːt]

vakantie (de)	school holidays	[skuːl 'hɒlɪdeɪz]
met vakantie zijn	to be on holiday	[tə biː ɒn 'hɒlɪdeɪ]
vakantie doorbrengen	to spend holidays	[tə spend 'hɒlɪdeɪz]

toets (schriftelijke ~)	test	[test]
opstel (het)	essay	['eseɪ]
dictee (het)	dictation	[dɪk'teɪʃən]

examen (het)	exam	[ɪg'zæm]
examen afleggen	to take an exam	[tə ˌteɪk ən ɪg'zæm]
experiment (het)	experiment	[ɪk'sperɪmənt]

118. Hogeschool. Universiteit

academie (de)	academy	[ə'kædəmɪ]
universiteit (de)	university	[ˌjuːnɪ'vɜːsətɪ]
faculteit (de)	faculty	['fækəltɪ]

student (de)	student	['stjuːdənt]
studente (de)	student	['stjuːdənt]
leraar (de)	lecturer	['lektʃərə(r)]

collegezaal (de)	lecture hall	['lektʃə hɔːl]
afgestudeerde (de)	graduate	['grædʒʊət]

diploma (het)	diploma	[dɪ'pləʊmə]
dissertatie (de)	dissertation	[ˌdɪsə'teɪʃən]

onderzoek (het)	study	['stʌdɪ]
laboratorium (het)	laboratory	[lə'bɒrətrɪ]

college (het)	lecture	['lektʃə(r)]
medestudent (de)	course mate	[kɔːs meɪt]

studiebeurs (de)	scholarship	['skɒləʃɪp]
academische graad (de)	academic degree	[ˌækə'demɪk dɪ'griː]

119. Wetenschappen. Disciplines

wiskunde (de)	mathematics	[ˌmæθəˈmætɪks]
algebra (de)	algebra	[ˈældʒɪbrə]
meetkunde (de)	geometry	[dʒɪˈɒmətrɪ]
astronomie (de)	astronomy	[əˈstrɒnəmɪ]
biologie (de)	biology	[baɪˈɒlədʒɪ]
geografie (de)	geography	[dʒɪˈɒgrəfɪ]
geologie (de)	geology	[dʒɪˈɒlədʒɪ]
geschiedenis (de)	history	[ˈhɪstərɪ]
geneeskunde (de)	medicine	[ˈmedsɪn]
pedagogiek (de)	pedagogy	[ˈpedəgɒdʒɪ]
rechten (mv.)	law	[lɔ:]
fysica, natuurkunde (de)	physics	[ˈfɪzɪks]
scheikunde (de)	chemistry	[ˈkemɪstrɪ]
filosofie (de)	philosophy	[fɪˈlɒsəfɪ]
psychologie (de)	psychology	[saɪˈkɒlədʒɪ]

120. Schrift. Spelling

grammatica (de)	grammar	[ˈgræmə(r)]
vocabulaire (het)	vocabulary	[vəˈkæbjʊlərɪ]
fonetiek (de)	phonetics	[fəˈnetɪks]
zelfstandig naamwoord (het)	noun	[naʊn]
bijvoeglijk naamwoord (het)	adjective	[ˈædʒɪktɪv]
werkwoord (het)	verb	[vɜ:b]
bijwoord (het)	adverb	[ˈædvɜ:b]
voornaamwoord (het)	pronoun	[ˈprəʊnaʊn]
tussenwerpsel (het)	interjection	[ˌɪntəˈdʒekʃən]
voorzetsel (het)	preposition	[ˌprepəˈzɪʃən]
stam (de)	root	[ru:t]
achtervoegsel (het)	ending	[ˈendɪŋ]
voorvoegsel (het)	prefix	[ˈpri:fɪks]
lettergreep (de)	syllable	[ˈsɪləbəl]
achtervoegsel (het)	suffix	[ˈsʌfɪks]
nadruk (de)	stress mark	[ˈstres ˌmɑ:k]
afkappingsteken (het)	apostrophe	[əˈpɒstrəfɪ]
punt (de)	full stop	[fʊl stɒp]
komma (de/het)	comma	[ˈkɒmə]
puntkomma (de)	semicolon	[ˌsemɪˈkəʊlən]
dubbelpunt (de)	colon	[ˈkəʊlən]
beletselteken (het)	ellipsis	[ɪˈlɪpsɪs]
vraagteken (het)	question mark	[ˈkwestʃən mɑ:k]
uitroepteken (het)	exclamation mark	[ˌekskləˈmeɪʃən mɑ:k]

aanhalingstekens (mv.)	inverted commas	[ɪn'vɜːtɪd 'kɒməs]
tussen aanhalingstekens (bw)	in inverted commas	[ɪn ɪn'vɜːtɪd 'kɒməs]
haakjes (mv.)	parenthesis	[pə'renθɪsɪs]
tussen haakjes (bw)	in parenthesis	[ɪn pə'renθɪsɪs]

streepje (het)	hyphen	['haɪfən]
gedachtestreepje (het)	dash	[dæʃ]
spatie	space	[speɪs]
(~ tussen twee woorden)		

letter (de)	letter	['letə(r)]
hoofdletter (de)	capital letter	['kæpɪtəl 'letə(r)]

klinker (de)	vowel	['vaʊəl]
medeklinker (de)	consonant	['kɒnsənənt]

zin (de)	sentence	['sentəns]
onderwerp (het)	subject	['sʌbdʒɪkt]
gezegde (het)	predicate	['predɪkət]

regel (in een tekst)	line	[laɪn]
op een nieuwe regel (bw)	on a new line	[ɒn ə nju: laɪn]
alinea (de)	paragraph	['pærəgrɑːf]

woord (het)	word	[wɜːd]
woordgroep (de)	group of words	[gru:p əf wɜːdz]
uitdrukking (de)	expression	[ɪk'spreʃən]
synoniem (het)	synonym	['sɪnənɪm]
antoniem (het)	antonym	['æntənɪm]

regel (de)	rule	[ru:l]
uitzondering (de)	exception	[ɪk'sepʃən]
correct (bijv. ~e spelling)	correct	[kə'rekt]

vervoeging, conjugatie (de)	conjugation	[ˌkɒndʒʊ'geɪʃən]
naamval (de)	nominal case	['nɒmɪnəl keɪs]
vraag (de)	question	['kwestʃən]
onderstrepen (ww)	to underline (vt)	[tə ˌʌndə'laɪn]
stippellijn (de)	dotted line	['dɒtɪd laɪn]

121. Vreemde talen

taal (de)	language	['læŋgwɪdʒ]
vreemd (bn)	foreign	['fɒrən]
leren (bijv. van buiten ~)	to study (vt)	[tə 'stʌdɪ]
studeren (Nederlands ~)	to learn (vt)	[tə lɜːn]

lezen (ww)	to read (vi, vt)	[tə ri:d]
spreken (ww)	to speak (vi, vt)	[tə spi:k]
begrijpen (ww)	to understand (vt)	[tə ˌʌndə'stænd]
schrijven (ww)	to write (vt)	[tə raɪt]

snel (bw)	quickly, fast	['kwɪklɪ], [fɑːst]
langzaam (bw)	slowly	['sləʊlɪ]

vloeiend (bw)	fluently	[ˈfluːəntlɪ]
regels (mv.)	rules	[ruːlz]
grammatica (de)	grammar	[ˈɡræmə(r)]
vocabulaire (het)	vocabulary	[vəˈkæbjʊlərɪ]
fonetiek (de)	phonetics	[fəˈnetɪks]

leerboek (het)	textbook	[ˈtekstbʊk]
woordenboek (het)	dictionary	[ˈdɪkʃənərɪ]
leerboek (het) voor zelfstudie	teach-yourself book	[tiːtʃ jɔːˈself bʊk]
taalgids (de)	phrasebook	[ˈfreɪzbʊk]

cassette (de)	cassette	[kæˈset]
videocassette (de)	videotape	[ˈvɪdɪəʊteɪp]
CD (de)	CD, compact disc	[ˌsiːˈdiː], [kəmˈpækt dɪsk]
DVD (de)	DVD	[ˌdiːviːˈdiː]

alfabet (het)	alphabet	[ˈælfəbet]
spellen (ww)	to spell (vt)	[tə spel]
uitspraak (de)	pronunciation	[prəˌnʌnsɪˈeɪʃən]

accent (het)	accent	[ˈæksent]
met een accent (bw)	with an accent	[wɪð ən ˈæksent]
zonder accent (bw)	without an accent	[wɪˈðaʊt ən ˈæksent]

woord (het)	word	[wɜːd]
betekenis (de)	meaning	[ˈmiːnɪŋ]

cursus (de)	course	[kɔːs]
zich inschrijven (ww)	to sign up (vi)	[tə saɪn ʌp]
leraar (de)	teacher	[ˈtiːtʃə(r)]

vertaling (tekst)	translation	[trænsˈleɪʃən]
vertaler (de)	translator	[trænsˈleɪtə(r)]
tolk (de)	interpreter	[ɪnˈtɜːprɪtə(r)]

polyglot (de)	polyglot	[ˈpɒlɪɡlɒt]
geheugen (het)	memory	[ˈmemərɪ]

122. Sprookjesfiguren

Sinterklaas (de)	Santa Claus	[ˈsæntə klɔːz]
Assepoester (de)	Cinderella	[ˌsɪndəˈrelə]
zeemeermin (de)	mermaid	[ˈmɜːmeɪd]
Neptunus (de)	Neptune	[ˈneptjuːn]

magiër, tovenaar (de)	magician	[məˈdʒɪʃən]
goede heks (de)	fairy	[ˈfeərɪ]
magisch (bn)	magic	[ˈmædʒɪk]
toverstokje (het)	magic wand	[ˈmædʒɪk ˌwɒnd]
sprookje (het)	fairy tale	[ˈfeərɪ teɪl]
wonder (het)	miracle	[ˈmɪrəkəl]
dwerg (de)	dwarf	[dwɔːf]
veranderen in ... (anders worden)	to turn into ... (vi)	[tə tɜːn ˈɪntʊ]

geest (de)	ghost	[gəʊst]
spook (het)	phantom	['fæntəm]
monster (het)	monster	['mɒnstə(r)]
draak (de)	dragon	['dræɡən]
reus (de)	giant	['dʒaɪənt]

123. Dierenriem

Ram (de)	Aries	['eəriːz]
Stier (de)	Taurus	['tɔːrəs]
Tweelingen (mv.)	Gemini	['dʒemɪnaɪ]
Kreeft (de)	Cancer	['kænsə(r)]
Leeuw (de)	Leo	['liːəʊ]
Maagd (de)	Virgo	['vɜːɡəʊ]

Weegschaal (de)	Libra	['liːbrə]
Schorpioen (de)	Scorpio	['skɔːpɪəʊ]
Boogschutter (de)	Sagittarius	[ˌsædʒɪ'teərɪəs]
Steenbok (de)	Capricorn	['kæprɪkɔːn]
Waterman (de)	Aquarius	[ə'kweərɪəs]
Vissen (mv.)	Pisces	['paɪsiːz]

karakter (het)	character	['kærəktə(r)]
karaktertrekken (mv.)	features of character	['fiːtʃəz əv 'kærəktə]
gedrag (het)	behaviour	[bɪ'heɪvjə(r)]
waarzeggen (ww)	to tell fortunes	[tə tel 'fɔːtʃuːnz]
waarzegster (de)	fortune-teller	['fɔːtʃuːn 'telə(r)]
horoscoop (de)	horoscope	['hɒrəskəʊp]

Kunst

124. Theater

theater (het)	theatre	['θɪətə(r)]
opera (de)	opera	['ɒpərə]
operette (de)	operetta	[ˌɒpə'retə]
ballet (het)	ballet	['bæleɪ]

affiche (de/het)	theatre poster	['θɪətə 'pəʊstə(r)]
theatergezelschap (het)	company	['kʌmpənɪ]
tournee (de)	tour	[tʊə(r)]
op tournee zijn	to be on tour	[tə bi ɒn tʊə(r)]
repeteren (ww)	to rehearse (vi, vt)	[tə rɪ'hɜːs]
repetitie (de)	rehearsal	[rɪ'hɜːsəl]
repertoire (het)	repertoire	['repətwɑː(r)]

voorstelling (de)	performance	[pə'fɔːməns]
spektakel (het)	show, play	[ʃəʊ], [pleɪ]
toneelstuk (het)	play	[pleɪ]

biljet (het)	ticket	['tɪkɪt]
kassa (de)	Box office	[bɒks 'ɒfɪs]
foyer (de)	lobby	['lɒbɪ]
garderobe (de)	coat check	[kəʊt tʃek]
garderobe nummer (het)	cloakroom ticket	['kləʊkrʊm 'tɪkɪt]
verrekijker (de)	binoculars	[bɪ'nɒkjʊləz]
plaatsaanwijzer (de)	usher	['ʌʃə(r)]

parterre (de)	stalls	[stɔːlz]
balkon (het)	balcony	['bælkənɪ]
gouden rang (de)	dress circle	[dres 'sɜːkəl]
loge (de)	box	[bɒks]
rij (de)	row	[rəʊ]
plaats (de)	seat	[siːt]

publiek (het)	audience	['ɔːdɪəns]
kijker (de)	spectator	[spek'teɪtə(r)]
klappen (ww)	to clap (vi, vt)	[tə klæp]
applaus (het)	applause	[ə'plɔːz]
ovatie (de)	ovation	[əʊ'veɪʃən]

toneel (op het ~ staan)	stage	[steɪdʒ]
gordijn, doek (het)	curtain	['kɜːtən]
toneeldecor (het)	scenery	['siːnərɪ]
backstage (de)	backstage	[ˌbæk'steɪdʒ]

scène (de)	scene	[siːn]
bedrijf (het)	act	[ækt]
pauze (de)	interval	['ɪntəvəl]

125. Bioscoop

acteur (de)	actor	['æktə(r)]
actrice (de)	actress	['æktrɪs]
bioscoop (de)	cinema	['sɪnəmə]
speelfilm (de)	film	[fɪlm]
aflevering (de)	episode	['epɪsəʊd]
detectivefilm (de)	detective	[dɪ'tektɪv]
actiefilm (de)	action film	['ækʃən fɪlm]
avonturenfilm (de)	adventure film	[əd'ventʃə fɪlm]
sciencefictionfilm (de)	science fiction film	['saɪəns 'fɪkʃən fɪlm]
griezelfilm (de)	horror film	['hɒrə fɪlm]
komedie (de)	comedy film	['kɒmədɪ fɪlm]
melodrama (het)	melodrama	['meləˌdrɑ:mə]
drama (het)	drama	['drɑ:mə]
speelfilm (de)	fictional film	['fɪkʃənəl fɪlm]
documentaire (de)	documentary	[ˌdɒkjʊ'mentərɪ]
tekenfilm (de)	cartoon	[kɑ:'tu:n]
stomme film (de)	silent films	['saɪlənt fɪlmz]
rol (de)	role	[rəʊl]
hoofdrol (de)	leading role	['li:dɪŋ rəʊl]
spelen (ww)	to play (vi, vt)	[tə pleɪ]
filmster (de)	film star	[fɪlm stɑ:]
bekend (bn)	well-known	[wel'nəʊn]
beroemd (bn)	famous	['feɪməs]
populair (bn)	popular	['pɒpjʊlə(r)]
scenario (het)	script	[skrɪpt]
scenarioschrijver (de)	scriptwriter	['skrɪptˌraɪtə(r)]
regisseur (de)	film director	[fɪlm dɪ'rektə(r)]
filmproducent (de)	producer	[prə'dju:sə(r)]
assistent (de)	assistant	[ə'sɪstənt]
cameraman (de)	cameraman	['kæmərəmæn]
stuntman (de)	stuntman	[stʌnt mæn]
een film maken	to shoot a film	[tə ʃu:t ə fɪlm]
auditie (de)	audition	[ɔ:'dɪʃən]
opnamen (mv.)	shooting	['ʃu:tɪŋ]
filmploeg (de)	film crew	[fɪlm kru:]
filmset (de)	film set	[fɪlm set]
filmcamera (de)	camera	['kæmərə]
bioscoop (de)	cinema	['sɪnəmə]
scherm (het)	screen	[skri:n]
een film vertonen	to show a film	[tə ʃəʊ ə fɪlm]
geluidsspoor (de)	soundtrack	['saʊndtræk]
speciale effecten (mv.)	special effects	['speʃəl ɪ'fekts]
ondertiteling (de)	subtitles	['sʌbˌtaɪtəlz]

| voortiteling, aftiteling (de) | credits | ['kredɪts] |
| vertaling (de) | translation | [træns'leɪʃən] |

126. Schilderij

kunst (de)	art	[ɑ:t]
schone kunsten (mv.)	fine arts	['faɪn ˌɑ:ts]
kunstgalerie (de)	art gallery	[ɑ:t 'gælərɪ]
kunsttentoonstelling (de)	art exhibition	[ɑ:t ˌeksɪ'bɪʃən]

schilderkunst (de)	painting	['peɪntɪŋ]
grafiek (de)	graphic art	['græfɪk ɑ:t]
abstracte kunst (de)	abstract art	['æbstrækt ɑ:t]
impressionisme (het)	impressionism	[ɪm'preʃənɪzəm]

schilderij (het)	picture	['pɪktʃə(r)]
tekening (de)	drawing	['drɔ:ɪŋ]
poster (de)	poster	['pəʊstə(r)]

illustratie (de)	illustration	[ˌɪlə'streɪʃən]
miniatuur (de)	miniature	['mɪnətʃə(r)]
kopie (de)	copy	['kɒpɪ]
reproductie (de)	reproduction	[ˌri:prə'dʌkʃən]

mozaïek (het)	mosaic	[məʊ'zeɪɪk]
gebrandschilderd glas (het)	stained glass	[steɪnd glɑ:s]
fresco (het)	fresco	['freskəʊ]
gravure (de)	engraving	[ɪn'greɪvɪŋ]

buste (de)	bust	[bʌst]
beeldhouwwerk (het)	sculpture	['skʌlptʃə(r)]
beeld (bronzen ~)	statue	['stætʃu:]
gips (het)	plaster of Paris	['plɑ:stərəv 'pærɪs]
gipsen (bn)	plaster	['plɑ:stə(r)]

portret (het)	portrait	['pɔ:treɪt]
zelfportret (het)	self-portrait	[self 'pɔ:treɪt]
landschap (het)	landscape	['lændskeɪp]
stilleven (het)	still life	[stɪl laɪf]
karikatuur (de)	caricature	['kærɪkəˌtjʊə(r)]

verf (de)	paint	[peɪnt]
aquarel (de)	watercolour	['wɔ:təˌkʌlə]
olieverf (de)	oil	[ɔɪl]
potlood (het)	pencil	['pensəl]
Oostindische inkt (de)	Indian ink	['ɪndɪən ɪŋk]
houtskool (de)	charcoal	['tʃɑ:kəʊl]

| tekenen (met krijt) | to draw (vi, vt) | [tə drɔ:] |
| schilderen (ww) | to paint (vi, vt) | [tə peɪnt] |

poseren (ww)	to pose (vi)	[tə pəʊz]
naaktmodel (man)	artist's model	['ɑ:tɪsts 'mɒdəl]
naaktmodel (vrouw)	artist's model	['ɑ:tɪsts 'mɒdəl]

kunstenaar (de)	artist, painter	['ɑːtɪst], ['peɪntə(r)]
kunstwerk (het)	work of art	[wɜːk əv ɑːt]
meesterwerk (het)	masterpiece	['mɑːstəpiːs]
studio, werkruimte (de)	workshop	['wɜːkʃɒp]

schildersdoek (het)	canvas	['kænvəs]
schildersezel (de)	easel	['iːzəl]
palet (het)	palette	['pælət]

lijst (een vergulde ~)	frame	[freɪm]
restauratie (de)	restoration	[ˌrestə'reɪʃən]
restaureren (ww)	to restore (vt)	[tə rɪ'stɔː(r)]

127. Literatuur & Poézie

literatuur (de)	literature	['lɪtrətʃə]
auteur (de)	author	['ɔːθə]
pseudoniem (het)	pseudonym	['sjuːdəʊnɪm]

boek (het)	book	[bʊk]
boekdeel (het)	volume	['vɒljuːm]
inhoudsopgave (de)	table of contents	['teɪbəl əv 'kɒntents]
pagina (de)	page	[peɪdʒ]
hoofdpersoon (de)	main character	[meɪn 'kærəktə(r)]
handtekening (de)	autograph	['ɔːtəgrɑːf]

verhaal (het)	short story	[ʃɔːt 'stɔːrɪ]
novelle (de)	story	['stɔːrɪ]
roman (de)	novel	['nɒvəl]
werk (literatuur)	work	[wɜːk]
fabel (de)	fable	['feɪbəl]
detectiveroman (de)	detective novel	[dɪ'tektɪv 'nɒvəl]

gedicht (het)	poem, verse	['pəʊɪm], [vɜːs]
poëzie (de)	poetry	['pəʊɪtrɪ]
epos (het)	poem	['pəʊɪm]
dichter (de)	poet	['pəʊɪt]

fictie (de)	fiction	['fɪkʃən]
sciencefiction (de)	science fiction	['saɪəns 'fɪkʃən]
avonturenroman (de)	adventures	[əd'ventʃez]
opvoedkundige literatuur (de)	educational literature	[ˌedʒʊ'keɪʃənəl 'lɪtrətʃə]
kinderliteratuur (de)	children's literature	['tʃɪldrənz 'lɪtrətʃə]

128. Circus

circus (de/het)	circus	['sɜːkəs]
chapiteau circus (de/het)	chapiteau circus	[ʃapito 'sɜːkəs]
programma (het)	programme	['prəʊgræm]
voorstelling (de)	performance	[pə'fɔːməns]
nummer (circus ~)	act	[ækt]
arena (de)	circus ring	['sɜːkəs rɪŋ]

| pantomime (de) | pantomime | ['pæntəmaɪm] |
| clown (de) | clown | [klaʊn] |

acrobaat (de)	acrobat	['ækrəbæt]
acrobatiek (de)	acrobatics	[ˌækrə'bætɪks]
gymnast (de)	gymnast	['dʒɪmnæst]
gymnastiek (de)	gymnastics	[dʒɪm'næstɪks]
salto (de)	somersault	['sʌmesɔːlt]

sterke man (de)	strongman	['strɒŋmæn]
temmer (de)	animal-tamer	['ænɪməl 'teɪmə(r)]
ruiter (de)	equestrian	[ɪ'kwestrɪən]
assistent (de)	assistant	[ə'sɪstənt]

stunt (de)	stunt	[stʌnt]
goocheltruc (de)	magic trick	['mædʒɪk trɪk]
goochelaar (de)	magician	[mə'dʒɪʃən]

jongleur (de)	juggler	['dʒʌglə(r)]
jongleren (ww)	to juggle (vi, vt)	[tə 'dʒʌgəl]
dierentrainer (de)	animal trainer	['ænɪməl 'treɪnə(r)]
dressuur (de)	animal training	['ænɪməl 'treɪnɪŋ]
dresseren (ww)	to train (vt)	[tə treɪn]

129. Muziek. Popmuziek

muziek (de)	music	['mjuːzɪk]
muzikant (de)	musician	[mjuː'zɪʃən]
muziekinstrument (het)	musical instrument	['mjuːzɪkəl 'ɪnstrʊmənt]
spelen (bijv. gitaar ~)	to play ...	[tə pleɪ]

gitaar (de)	guitar	[gɪ'taː(r)]
viool (de)	violin	[ˌvaɪə'lɪn]
cello (de)	cello	['tʃeleʊ]
contrabas (de)	double bass	['dʌbəl beɪs]
harp (de)	harp	[haːp]

piano (de)	piano	[pɪ'ænəʊ]
vleugel (de)	grand piano	[grænd pɪ'ænəʊ]
orgel (het)	organ	['ɔːgən]

blaasinstrumenten (mv.)	wind instruments	[wɪnd 'ɪnstrʊmənts]
hobo (de)	oboe	['əʊbəʊ]
saxofoon (de)	saxophone	['sæksəfəʊn]
klarinet (de)	clarinet	[ˌklærə'net]
fluit (de)	flute	[fluːt]
trompet (de)	trumpet	['trʌmpɪt]

| accordeon (de/het) | accordion | [ə'kɔːdɪən] |
| trommel (de) | drum | [drʌm] |

duet (het)	duo	['djuːəʊ]
trio (het)	trio	['triːəʊ]
kwartet (het)	quartet	[kwɔː'tet]

| koor (het) | choir | ['kwaɪə(r)] |
| orkest (het) | orchestra | ['ɔ:kɪstrə] |

popmuziek (de)	pop music	[pɒp 'mju:zɪk]
rockmuziek (de)	rock music	[rɒk 'mju:zɪk]
rockgroep (de)	rock group	[rɒk gru:p]
jazz (de)	jazz	[dʒæz]

| idool (het) | idol | ['aɪdəl] |
| bewonderaar (de) | admirer, fan | [əd'maɪərə], [fæn] |

concert (het)	concert	['kɒnsət]
symfonie (de)	symphony	['sɪmfənɪ]
compositie (de)	composition	[ˌkɒmpə'zɪʃən]
componeren (muziek ~)	to compose (vt)	[tə kəm'pəʊz]

zang (de)	singing	['sɪŋɪŋ]
lied (het)	song	[sɒŋ]
melodie (de)	tune	[tju:n]
ritme (het)	rhythm	['rɪðəm]
blues (de)	blues	[blu:z]

bladmuziek (de)	sheet music	[ʃi:t 'mju:zɪk]
dirigeerstok (baton)	baton	['bætən]
strijkstok (de)	bow	[bəʊ]
snaar (de)	string	[strɪŋ]
koffer (de)	case	[keɪs]

Rusten. Entertainment. Reizen

130. Trip. Reizen

toerisme (het)	tourism	['tʊərɪzəm]
toerist (de)	tourist	['tʊərɪst]
reis (de)	trip	[trɪp]
avontuur (het)	adventure	[əd'ventʃə(r)]
tocht (de)	trip, journey	[trɪp], ['dʒɜːnɪ]

vakantie (de)	holiday	['hɒlɪdeɪ]
met vakantie zijn	to be on holidays	[tə bi ɒn 'hɒlɪdeɪz]
rust (de)	rest	[rest]

trein (de)	train	[treɪn]
met de trein	by train	[baɪ treɪn]
vliegtuig (het)	aeroplane	['eərəpleɪn]
met het vliegtuig	by aeroplane	[baɪ 'eərəpleɪn]
met de auto	by car	[baɪ kɑː(r)]
per schip (bw)	by ship	[baɪ ʃɪp]

bagage (de)	luggage	['lʌgɪdʒ]
valies (de)	suitcase, luggage	['suːtkeɪs], ['lʌgɪdʒ]
bagagekarretje (het)	luggage trolley	['lʌgɪdʒ 'trɒlɪ]

paspoort (het)	passport	['pɑːspɔːt]
visum (het)	visa	['viːzə]
kaartje (het)	ticket	['tɪkɪt]
vliegticket (het)	air ticket	['eə 'tɪkɪt]

reisgids (de)	guidebook	['gaɪdbʊk]
kaart (de)	map	[mæp]
gebied (landelijk ~)	area	['eərɪə]
plaats (de)	place, site	[pleɪs], [saɪt]

exotische bestemming (de)	exotic	[ɪg'zɒtɪk]
exotisch (bn)	exotic	[ɪg'zɒtɪk]
verwonderlijk (bn)	amazing	[ə'meɪzɪŋ]

groep (de)	group	[gruːp]
rondleiding (de)	excursion	[ɪk'skɜːʃən]
gids (de)	guide	[gaɪd]

131. Hotel

motel (het)	motel	[məʊ'tel]
3-sterren	three-star	[θriː stɑː(r)]
5-sterren	five-star	[ˌfaɪv 'stɑː(r)]

overnachten (ww)	to stay (vi)	[tə steɪ]
kamer (de)	room	[rʊːm]
eenpersoonskamer (de)	single room	['sɪŋɡəl ruːm]
tweepersoonskamer (de)	double room	['dʌbəl ruːm]
een kamer reserveren	to book a room	[tə bʊk ə ruːm]

halfpension (het)	half board	[hɑːf bɔːd]
volpension (het)	full board	[fʊl bɔːd]

met badkamer	with bath	[wɪð bɑːθ]
met douche	with shower	[wɪð 'ʃaʊə(r)]
satelliet-tv (de)	satellite television	['sætəlaɪt 'telɪˌvɪʒən]
airconditioner (de)	air-conditioner	[eə kən'dɪʃənə]
handdoek (de)	towel	['taʊəl]
sleutel (de)	key	[kiː]

administrateur (de)	administrator	[əd'mɪnɪstreɪtə(r)]
kamermeisje (het)	chambermaid	['tʃeɪmbəˌmeɪd]
piccolo (de)	porter, bellboy	['pɔːtə(r)], ['belbɔɪ]
portier (de)	doorman	['dɔːmən]

restaurant (het)	restaurant	['restrɒnt]
bar (de)	pub	[pʌb]
ontbijt (het)	breakfast	['brekfəst]
avondeten (het)	dinner	['dɪnə(r)]
buffet (het)	buffet	['bʊfeɪ]

lift (de)	lift	[lɪft]
NIET STOREN	DO NOT DISTURB	[du nɒt dɪ'stɜːb]
VERBODEN TE ROKEN!	NO SMOKING	[nəʊ 'sməʊkɪŋ]

132. Boeken. Lezen

boek (het)	book	[bʊk]
auteur (de)	author	['ɔːθə]
schrijver (de)	writer	['raɪtə(r)]
schrijven (een boek)	to write (vt)	[tə raɪt]

lezer (de)	reader	['riːdə(r)]
lezen (ww)	to read (vi, vt)	[tə riːd]
lezen (het)	reading	['riːdɪŋ]

stil (~ lezen)	silently	['saɪləntlɪ]
hardop (~ lezen)	aloud	[ə'laʊd]

uitgeven (boek ~)	to publish (vt)	[tə 'pʌblɪʃ]
uitgeven (het)	publishing	['pʌblɪʃɪŋ]
uitgever (de)	publisher	['pʌblɪʃə(r)]
uitgeverij (de)	publishing house	['pʌblɪʃɪŋ ˌhaʊs]

verschijnen (bijv. boek)	to come out	[tə kʌm aʊt]
verschijnen (het)	release	[rɪ'liːs]
oplage (de)	print run	[prɪnt rʌn]
boekhandel (de)	bookshop	['bʊkʃɒp]

bibliotheek (de)	library	['laɪbrərɪ]
novelle (de)	story	['stɔːrɪ]
verhaal (het)	short story	[ʃɔːt 'stɔːrɪ]
roman (de)	novel	['nɒvəl]
detectiveroman (de)	detective novel	[dɪ'tektɪv 'nɒvəl]

memoires (mv.)	memoirs	['memwɑːz]
legende (de)	legend	['ledʒənd]
mythe (de)	myth	[mɪθ]

| gedichten (mv.) | poetry, poems | ['pəʊɪtrɪ], ['pəʊɪmz] |
| autobiografie (de) | autobiography | [ˌɔːtəbaɪ'ɒgrəfɪ] |

| bloemlezing (de) | selected works | [sɪ'lektɪd wɜːks] |
| sciencefiction (de) | science fiction | ['saɪəns 'fɪkʃən] |

naam (de)	title	['taɪtəl]
inleiding (de)	introduction	[ˌɪntrə'dʌkʃən]
voorblad (het)	title page	['taɪtəl peɪdʒ]

hoofdstuk (het)	chapter	['tʃæptə(r)]
fragment (het)	extract	['ekstrækt]
episode (de)	episode	['epɪsəʊd]

intrige (de)	plot, storyline	[plɒt], ['stɔːrɪlaɪn]
inhoud (de)	contents	['kɒntents]
hoofdpersonage (het)	main character	[meɪn 'kærəktə(r)]

boekdeel (het)	volume	['vɒljuːm]
omslag (de/het)	cover	['kʌvə(r)]
bladwijzer (de)	bookmark	['bʊkmɑːk]

pagina (de)	page	[peɪdʒ]
bladeren (ww)	to page through	[tə peɪdʒ θruː]
marges (mv.)	margins	['mɑːdʒɪnz]

| annotatie (de) | annotation | [ˌænə'teɪʃən] |
| opmerking (de) | footnote | ['fʊtnəʊt] |

tekst (de)	text	[tekst]
lettertype (het)	type, fount	[taɪp], [fɒnt]
drukfout (de)	misprint, typo	['mɪsprɪnt], ['taɪpəʊ]

vertaling (de)	translation	[træns'leɪʃən]
vertalen (ww)	to translate (vt)	[tə træns'leɪt]
origineel (het)	original	[ɒ'rɪdʒɪnəl]

| beroemd (bn) | famous | ['feɪməs] |
| onbekend (bn) | unknown | [ˌʌn'nəʊn] |

| interessant (bn) | interesting | ['ɪntrəstɪŋ] |
| bestseller (de) | bestseller | [best 'selə(r)] |

woordenboek (het)	dictionary	['dɪkʃənərɪ]
leerboek (het)	textbook	['tekstbʊk]
encyclopedie (de)	encyclopedia	[ɪnˌsaɪkləʊ'piːdjə]

133. Jacht. Vissen.

jacht (de)	hunting	[ˈhʌntɪŋ]
jagen (ww)	to hunt (vi, vt)	[tə hʌnt]
jager (de)	hunter	[ˈhʌntə(r)]
schieten (ww)	to shoot (vi)	[tə ʃuːt]
geweer (het)	rifle	[ˈraɪfəl]
patroon (de)	bullet, cartridge	[ˈbʊlɪt], [ˈkɑːtrɪdʒ]
hagel (de)	shot	[ʃɒt]
val (de)	trap	[træp]
valstrik (de)	snare	[sneə(r)]
in de val trappen	to fall into the trap	[tə fɔːl ˈɪntʊ ðə træp]
een val zetten	to lay a trap	[tə ˌleɪ ə ˈtræp]
stroper (de)	poacher	[ˈpəʊtʃə(r)]
wild (het)	game	[geɪm]
jachthond (de)	hound dog	[haʊnd dɒg]
safari (de)	safari	[səˈfɑːrɪ]
opgezet dier (het)	mounted animal	[ˈmaʊntɪd ˈænɪməl]
visser (de)	fisherman	[ˈfɪʃəmən]
visvangst (de)	fishing	[ˈfɪʃɪŋ]
vissen (ww)	to fish (vi)	[tə fɪʃ]
hengel (de)	fishing rod	[ˈfɪʃɪŋ ˌrɒd]
vislijn (de)	fishing line	[ˈfɪʃɪŋ ˌlaɪn]
haak (de)	hook	[hʊk]
dobber (de)	float	[fləʊt]
aas (het)	bait	[beɪt]
de hengel uitwerpen	to cast a line	[tə kɑːst ə laɪn]
bijten (ov. de vissen)	to bite (vi)	[tə baɪt]
vangst (de)	catch of fish	[kætʃ əv fɪʃ]
wak (het)	ice-hole	[ˈaɪs ˌhəʊl]
net (het)	net	[net]
boot (de)	boat	[bəʊt]
vissen met netten	to net (vi, vt)	[tə net]
het net uitwerpen	to cast the net	[tə kɑːst ðə net]
het net binnenhalen	to haul in the net	[tə hɔːl ɪn ðə net]
in het net vallen	to fall into the net	[tə fɔːl ˈɪntʊ ðə net]
walvisvangst (de)	whaler	[ˈweɪlə(r)]
walvisvaarder (de)	whaleboat	[ˈweɪlbəʊt]
harpoen (de)	harpoon	[hɑːˈpuːn]

134. Spellen. Biljart

biljart (het)	billiards	[ˈbɪljədz]
biljartzaal (de)	billiard room	[ˈbɪljədz ruːm]
biljartbal (de)	ball	[bɔːl]

een bal in het gat jagen	to pocket a ball	[tə 'pɒkɪt ə bɔːl]
keu (de)	cue	[kjuː]
gat (het)	pocket	['pɒkɪt]

135. Spellen. Speelkaarten

ruiten (mv.)	diamonds	['daɪəməndz]
schoppen (mv.)	spades	[speɪdz]
klaveren (mv.)	hearts	[hɑːts]
harten (mv.)	clubs	[klʌbz]

aas (de)	ace	[eɪs]
koning (de)	king	[kɪŋ]
dame (de)	queen	[kwiːn]
boer (de)	jack, knave	[dʒæk], [neɪv]

speelkaart (de)	playing card	['pleɪɪŋ kɑːd]
kaarten (mv.)	cards	[kɑːdz]
troef (de)	trump	[trʌmp]
pak (het) kaarten	pack of cards	[ˌpæk əv 'kɑːdz]

punt (bijv. vijftig ~en)	point	[pɔɪnt]
uitdelen (kaarten ~)	to deal (vi, vt)	[tə diːl]
schudden (de kaarten ~)	to shuffle (vt)	[tə 'ʃʌfəl]
beurt (de)	lead, turn	[led], [tɜːn]
valsspeler (de)	cardsharp	[kɑːd 'ʃɑːp]

136. Rusten. Spellen. Diversen

wandelen (on.ww.)	to stroll (vi, vt)	[tə strəʊl]
wandeling (de)	walk, stroll	[wɔːk], [strəʊl]
trip (per auto)	pleasure-ride, trip	['pleʒə raɪd], [trɪp]
avontuur (het)	adventure	[əd'ventʃə(r)]
picknick (de)	picnic	['pɪknɪk]

spel (het)	game	[geɪm]
speler (de)	player	['pleɪə(r)]
partij (de)	game	[geɪm]

collectioneur (de)	collector	[kə'lektə(r)]
collectioneren (ww)	to collect (vt)	[tə kə'lekt]
collectie (de)	collection	[kə'lekʃən]

kruiswoordraadsel (het)	crossword puzzle	['krɒswɜːd 'pʌzəl]
hippodroom (de)	racecourse	['reɪskɔːs]
discotheek (de)	discotheque	['dɪskəʊtek]

sauna (de)	sauna	['sɔːnə]
loterij (de)	lottery	['lɒtərɪ]

trektocht (kampeertocht)	camping trip	['kæmpɪŋ trɪp]
kamp (het)	camp	[kæmp]

tent (de)	tent	[tent]
kompas (het)	compass	['kʌmpəs]
rugzaktoerist (de)	camper	['kæmpə(r)]

bekijken (een film ~)	to watch (vt)	[tə wɒtʃ]
kijker (televisie~)	viewer	['vju:ə(r)]
televisie-uitzending (de)	TV program	[ˌti:'vi: 'prəʊgræm]

137. Fotografie

| fotocamera (de) | camera | ['kæmərə] |
| foto (de) | photo, picture | ['fəʊtəʊ], ['pɪktʃə(r)] |

fotograaf (de)	photographer	[fə'tɒgrəfə(r)]
fotostudio (de)	photo studio	['fəʊtəʊ 'stju:dɪəʊ]
fotoalbum (het)	photo album	['fəʊtəʊ 'ælbəm]

lens (de), objectief (het)	camera lens	['kæmərə lenz]
telelens (de)	telephoto lens	[ˌtelɪ'fəʊtəʊ lenz]
filter (de/het)	filter	['fɪltə(r)]
lens (de)	lens	[lenz]

optiek (de)	optics	['ɒptɪks]
diafragma (het)	diaphragm, aperture	['daɪəfræm], ['æpəˌtjʊə]
belichtingstijd (de)	exposure time	[ɪk'spəʊʒə ˌtaɪm]
zoeker (de)	viewfinder	['vju:ˌfaɪndə(r)]

digitale camera (de)	digital camera	['dɪdʒɪtəl 'kæmərə]
statief (het)	tripod	['traɪpɒd]
flits (de)	flash	[flæʃ]

| fotograferen (ww) | to photograph (vt) | [tə 'fəʊtəgrɑ:f] |
| kieken (foto's maken) | to take pictures | [tə ˌteɪk 'pɪktʃəz] |

focus (de)	focus	['fəʊkəs]
scherpstellen (ww)	to adjust the focus	[tə ə'dʒʌst ðə 'fəʊkəs]
scherp (bn)	sharp	[ʃɑ:p]
scherpte (de)	sharpness	['ʃɑ:pnɪs]

| contrast (het) | contrast | ['kɒntrɑ:st] |
| contrastrijk (bn) | contrasty | ['kɒntrɑ:stɪ] |

kiekje (het)	picture	['pɪktʃə(r)]
negatief (het)	negative	['negətɪv]
filmpje (het)	film	[fɪlm]
beeld (frame)	frame	[freɪm]
afdrukken (foto's ~)	to print (vt)	[tə prɪnt]

138. Strand. Zwemmen

| strand (het) | beach | [bi:tʃ] |
| zand (het) | sand | [sænd] |

leeg (~ strand)	deserted	[dɪ'zɜːtɪd]
bruine kleur (de)	suntan	['sʌntæn]
zonnebaden (ww)	to get a tan	[tə get ə tæn]
gebruind (bn)	tanned	[tænd]
zonnecrème (de)	sunscreen	['sʌnskriːn]

bikini (de)	bikini	[bɪ'kiːnɪ]
badpak (het)	swimsuit	['swɪmsuːt]
zwembroek (de)	swim trunks	['swɪm ˌtrʌŋks]

zwembad (het)	swimming pool	['swɪmɪŋ puːl]
zwemmen (ww)	to swim (vi)	[tə swɪm]
douche (de)	shower	['ʃaʊə(r)]
zich omkleden (ww)	to change (vi)	[tə tʃeɪndʒ]
handdoek (de)	towel	['taʊəl]

| boot (de) | boat | [bəʊt] |
| motorboot (de) | motorboat | ['məʊtəbəʊt] |

waterski's (mv.)	water ski	['wɔːtə skiː]
waterfiets (de)	pedalo	['pedələʊ]
surfen (het)	surfing	['sɜːfɪŋ]
surfer (de)	surfer	['sɜːfə(r)]

scuba, aqualong (de)	scuba set	['skuːbə set]
zwemvliezen (mv.)	flippers	['flɪpəz]
duikmasker (het)	mask	[mɑːsk]
duiker (de)	diver	['daɪvə(r)]
duiken (ww)	to dive (vi)	[tə daɪv]
onder water (bw)	underwater	[ˌʌndə'wɔːtə(r)]

parasol (de)	beach umbrella	[biːtʃ ʌm'brelə]
ligstoel (de)	beach chair	[biːtʃ tʃeə]
zonnebril (de)	sunglasses	['sʌnˌglɑːsɪz]
luchtmatras (de/het)	air mattress	[eə 'mætrɪs]

| spelen (ww) | to play (vi) | [tə pleɪ] |
| gaan zwemmen (ww) | to go for a swim | [tə gəʊ fərə swɪm] |

bal (de)	beach ball	[biːtʃ bɔːl]
opblazen (oppompen)	to inflate (vt)	[tə ɪn'fleɪt]
lucht-, opblaasbare (bn)	inflatable, air	[ɪn'fleɪtəbəl], [eə]

golf (hoge ~)	wave	[weɪv]
boei (de)	buoy	[bɔɪ]
verdrinken (ww)	to drown (vi)	[tə draʊn]

redden (ww)	to save, to rescue	[tə seɪv], [tə 'reskjuː]
reddingsvest (de)	lifejacket	[laɪf 'dʒækɪt]
waarnemen (ww)	to observe, to watch	[əb'zɜːv], [tə wɒtʃ]

TECHNISCHE APPARATUUR. VERVOER

Technische apparatuur

139. Computer

computer (de)	computer	[kəmˈpjuːtə(r)]
laptop (de)	notebook, laptop	[ˈnəʊtbʊk], [ˈlæptɒp]
aanzetten (ww)	to switch on (vt)	[tə swɪtʃ ɒn]
uitzetten (ww)	to turn off (vt)	[tə tɜːn ɒf]
toetsenbord (het)	keyboard	[ˈkiːbɔːd]
toets (enter~)	key	[kiː]
muis (de)	mouse	[maʊs]
muismat (de)	mouse mat	[ˈmaʊs mæt]
knopje (het)	button	[ˈbʌtən]
cursor (de)	cursor	[ˈkɜːsə(r)]
monitor (de)	monitor	[ˈmɒnɪtə(r)]
scherm (het)	screen	[skriːn]
harde schijf (de)	hard disk	[hɑːd dɪsk]
volume (het) van de harde schijf	hard disk volume	[hɑːd dɪsk ˈvɒljuːm]
geheugen (het)	memory	[ˈmemərɪ]
RAM-geheugen (het)	random access memory	[ˈrændəm ˈækses ˈmemərɪ]
bestand (het)	file	[faɪl]
folder (de)	folder	[ˈfəʊldə(r)]
openen (ww)	to open (vt)	[tə ˈəʊpən]
sluiten (ww)	to close (vt)	[tə kləʊz]
opslaan (ww)	to save (vt)	[tə seɪv]
verwijderen (wissen)	to delete (vt)	[tə dɪˈliːt]
kopiëren (ww)	to copy (vt)	[tə ˈkɒpɪ]
sorteren (ww)	to sort (vt)	[tə sɔːt]
programma (het)	programme	[ˈprəʊgræm]
software (de)	software	[ˈsɒftweə(r)]
programmeur (de)	programmer	[ˈprəʊgræmə(r)]
programmeren (ww)	to program (vt)	[tə ˈprəʊgræm]
hacker (computerkraker)	hacker	[ˈhækə(r)]
wachtwoord (het)	password	[ˈpɑːswɜːd]
virus (het)	virus	[ˈvaɪrəs]
ontdekken (virus ~)	to find, to detect	[tə faɪnd], [tə dɪˈtekt]
byte (de)	byte	[baɪt]

megabyte (de)	megabyte	['megəbaɪt]
data (de)	data	['deɪtə]
databank (de)	database	['deɪtəbeɪs]

kabel (USB-~, enz.)	cable	['keɪbəl]
afsluiten (ww)	to disconnect (vt)	[tə ˌdɪskə'nekt]
aansluiten op (ww)	to connect (vt)	[tə kə'nekt]

140. Internet. E-mail

internet (het)	Internet	['ɪntənet]
browser (de)	browser	['braʊzə(r)]
zoekmachine (de)	search engine	[sɜːtʃ 'endʒɪn]
internetprovider (de)	provider	[prə'vaɪdə(r)]

webmaster (de)	web master	[web 'mɑːstə(r)]
website (de)	website	['websaɪt]
webpagina (de)	web page	[web peɪdʒ]

| adres (het) | address | [ə'dres] |
| adresboek (het) | address book | [ə'dres bʊk] |

postvak (het)	postbox	['pəʊstbɒks]
post (de)	post	[pəʊst]
vol (~ postvak)	full	[fʊl]

bericht (het)	message	['mesɪdʒ]
binnenkomende berichten (mv.)	incoming messages	['ɪnˌkʌmɪŋ 'mesɪdʒɪz]
uitgaande berichten (mv.)	outgoing messages	['aʊtˌɡəʊɪŋ 'mesɪdʒɪz]

verzender (de)	sender	['sendə(r)]
verzenden (ww)	to send (vt)	[tə send]
verzending (de)	sending	['sendɪŋ]

| ontvanger (de) | receiver | [rɪ'siːvə(r)] |
| ontvangen (ww) | to receive (vt) | [tə rɪ'siːv] |

| correspondentie (de) | correspondence | [ˌkɒrɪ'spɒndəns] |
| corresponderen (met ...) | to correspond (vi) | [tə ˌkɒrɪ'spɒnd] |

bestand (het)	file	[faɪl]
downloaden (ww)	to download (vt)	[tə 'daʊnləʊd]
creëren (ww)	to create (vt)	[tə kri:'eɪt]
verwijderen (een bestand ~)	to delete (vt)	[tə dɪ'liːt]
verwijderd (bn)	deleted	[dɪ'liːtɪd]

verbinding (de)	connection	[kə'nekʃən]
snelheid (de)	speed	[spiːd]
modem (de)	modem	['məʊdem]
toegang (de)	access	['ækses]
poort (de)	port	[pɔːt]
aansluiting (de)	connection	[kə'nekʃən]
zich aansluiten (ww)	to connect to ...	[tə kə'nekt tə]

| selecteren (ww) | **to select** (vt) | [tə sɪ'lekt] |
| zoeken (ww) | **to search for ...** | [tə sɜːtʃ fɔː(r)] |

Vervoer

141. Vliegtuig

vliegtuig (het)	aeroplane	['eərəpleɪn]
vliegticket (het)	air ticket	['eə 'tɪkɪt]
luchtvaartmaatschappij (de)	airline	['eəlaɪn]
luchthaven (de)	airport	['eəpɔːt]
supersonisch (bn)	supersonic	[ˌsuːpə'sɒnɪk]
gezagvoerder (de)	captain	['kæptɪn]
bemanning (de)	crew	[kruː]
piloot (de)	pilot	['paɪlət]
stewardess (de)	stewardess	['stjʊədɪs]
stuurman (de)	navigator	['nævɪɡeɪtə(r)]
vleugels (mv.)	wings	[wɪŋz]
staart (de)	tail	[teɪl]
cabine (de)	cockpit	['kɒkpɪt]
motor (de)	engine	['endʒɪn]
landingsgestel (het)	undercarriage	['ʌndəˌkærɪdʒ]
turbine (de)	turbine	['tɜːbaɪn]
propeller (de)	propeller	[prə'pelə(r)]
zwarte doos (de)	black box	[blæk bɒks]
stuur (het)	control column	[kən'trəʊl 'kɒləm]
brandstof (de)	fuel	[fjʊəl]
veiligheidskaart (de)	safety card	['seɪftɪ kɑːd]
zuurstofmasker (het)	oxygen mask	['ɒksɪdʒən mɑːsk]
uniform (het)	uniform	['juːnɪfɔːm]
reddingsvest (de)	lifejacket	[laɪf 'dʒækɪt]
parachute (de)	parachute	['pærəʃuːt]
opstijgen (het)	takeoff	[teɪkɒf]
opstijgen (ww)	to take off (vi)	[tə teɪk ɒf]
startbaan (de)	runway	['rʌnˌweɪ]
zicht (het)	visibility	[ˌvɪzɪ'bɪlɪtɪ]
vlucht (de)	flight	[flaɪt]
hoogte (de)	altitude	['æltɪtjuːd]
luchtzak (de)	air pocket	[eə 'pɒkɪt]
plaats (de)	seat	[siːt]
koptelefoon (de)	headphones	['hedfəʊnz]
tafeltje (het)	folding tray	['fəʊldɪŋ treɪ]
venster (het)	window	['wɪndəʊ]
gangpad (het)	aisle	[aɪl]

142. Trein

trein (de)	train	[treɪn]
elektrische trein (de)	suburban train	[sə'bɜːbən treɪn]
sneltrein (de)	express train	[ɪk'spres treɪn]
diesellocomotief (de)	diesel locomotive	['diːzəl ˌləʊkə'məʊtɪv]
locomotief (de)	steam engine	[stiːm 'endʒɪn]
rijtuig (het)	coach, carriage	[kəʊtʃ], ['kærɪdʒ]
restauratierijtuig (het)	restaurant car	['restrɒnt kɑː]
rails (mv.)	rails	[reɪlz]
spoorweg (de)	railway	['reɪlweɪ]
dwarsligger (de)	sleeper	['sliːpə(r)]
perron (het)	platform	['plætfɔːm]
spoor (het)	platform	['plætfɔːm]
semafoor (de)	semaphore	['seməfɔː(r)]
halte (bijv. kleine treinhalte)	station	['steɪʃən]
machinist (de)	train driver	[treɪn 'draɪvə(r)]
kruier (de)	porter	['pɔːtə(r)]
conducteur (de)	train steward	['treɪn 'stjʊəd]
passagier (de)	passenger	['pæsɪndʒə(r)]
controleur (de)	ticket inspector	['tɪkɪt ɪn'spektə]
gang (in een trein)	corridor	['kɒrɪˌdɔː(r)]
noodrem (de)	emergency break	[ɪ'mɜːdʒənsɪ breɪk]
coupé (de)	compartment	[kəm'pɑːtmənt]
bed (slaapplaats)	berth	[bɜːθ]
bovenste bed (het)	upper berth	['ʌpə bɜːθ]
onderste bed (het)	lower berth	['ləʊə 'bɜːθ]
beddengoed (het)	bed linen	[bed 'lɪnɪn]
kaartje (het)	ticket	['tɪkɪt]
dienstregeling (de)	timetable	['taɪmˌteɪbəl]
informatiebord (het)	information display	[ˌɪnfə'meɪʃən dɪ'spleɪ]
vertrekken	to leave, to depart	[tə liːv], [tə dɪ'pɑːt]
(De trein vertrekt ...)		
vertrek (ov. een trein)	departure	[dɪ'pɑːtʃə(r)]
aankomen (ov. de treinen)	to arrive (vi)	[tə ə'raɪv]
aankomst (de)	arrival	[ə'raɪvəl]
aankomen per trein	to arrive by train	[tə ə'raɪv baɪ treɪn]
in de trein stappen	to get on the train	[tə ˌget ɒn ðə 'treɪn]
uit de trein stappen	to get off the train	[tə ˌget əv ðə 'treɪn]
treinwrak (het)	train crash	[treɪn kræʃ]
ontspoord zijn	to be derailed	[tə bi dɪ'reɪld]
locomotief (de)	steam engine	[stiːm 'endʒɪn]
stoker (de)	stoker, fireman	['stəʊkə], ['faɪəmən]
stookplaats (de)	firebox	['faɪəbɒks]
steenkool (de)	coal	[kəʊl]

143. Schip

schip (het)	ship	[ʃɪp]
vaartuig (het)	vessel	[ˈvesəl]
stoomboot (de)	steamship	[ˈstiːmʃɪp]
motorschip (het)	riverboat	[ˈrɪvəˌbəʊt]
lijnschip (het)	ocean liner	[ˈəʊʃən ˈlaɪnə(r)]
kruiser (de)	cruiser	[ˈkruːzə(r)]
jacht (het)	yacht	[jɒt]
sleepboot (de)	tugboat	[ˈtʌgbəʊt]
duwbak (de)	barge	[bɑːdʒ]
ferryboot (de)	ferry	[ˈferɪ]
zeilboot (de)	sailing ship	[ˈseɪlɪŋ ʃɪp]
brigantijn (de)	brigantine	[ˈbrɪgəntiːn]
IJsbreker (de)	ice breaker	[ˈaɪsˌbreɪkə(r)]
duikboot (de)	submarine	[ˌsʌbməˈriːn]
boot (de)	boat	[bəʊt]
sloep (de)	dinghy	[ˈdɪŋgɪ]
reddingssloep (de)	lifeboat	[ˈlaɪfbəʊt]
motorboot (de)	motorboat	[ˈməʊtəbəʊt]
kapitein (de)	captain	[ˈkæptɪn]
zeeman (de)	seaman	[ˈsiːmən]
matroos (de)	sailor	[ˈseɪlə(r)]
bemanning (de)	crew	[kruː]
bootsman (de)	boatswain	[ˈbəʊsən]
scheepsjongen (de)	ship's boy	[ʃɪps bɔɪ]
kok (de)	cook	[kʊk]
scheepsarts (de)	ship's doctor	[ʃɪps ˈdɒktə(r)]
dek (het)	deck	[dek]
mast (de)	mast	[mɑːst]
zeil (het)	sail	[seɪl]
ruim (het)	hold	[həʊld]
voorsteven (de)	bow	[baʊ]
achtersteven (de)	stern	[stɜːn]
roeispaan (de)	oar	[ɔː(r)]
schroef (de)	propeller	[prəˈpelə(r)]
kajuit (de)	cabin	[ˈkæbɪn]
officierskamer (de)	wardroom	[ˈwɔːdrʊm]
machinekamer (de)	engine room	[ˈendʒɪn ˌruːm]
brug (de)	bridge	[brɪdʒ]
radiokamer (de)	radio room	[ˈreɪdɪəʊ rʊm]
radiogolf (de)	wave	[weɪv]
logboek (het)	logbook	[ˈlɒgbʊk]
verrekijker (de)	spyglass	[ˈspaɪglɑːs]
klok (de)	bell	[bel]

133

vlag (de)	flag	[flæg]
kabel (de)	rope	['rəʊp]
knoop (de)	knot	[nɒt]

trapleuning (de)	deckrail	['dekreɪl]
trap (de)	gangway	['gæŋweɪ]

anker (het)	anchor	['æŋkə(r)]
het anker lichten	to weigh anchor	[tə weɪ 'æŋkə(r)]
het anker neerlaten	to drop anchor	[tə drɒp 'æŋkə(r)]
ankerketting (de)	anchor chain	['æŋkə ˌtʃeɪn]

haven (bijv. containerhaven)	port	[pɔːt]
kaai (de)	berth, wharf	[bɜːθ], [wɔːf]
aanleggen (ww)	to berth, to moor	[tə bɜːθ], [tə mɔː(r)]
wegvaren (ww)	to cast off	[tə kɑːst ɒf]

reis (de)	trip	[trɪp]
cruise (de)	cruise	[kruːz]
koers (de)	course	[kɔːs]
route (de)	route	[ruːt]

vaarwater (het)	fairway	['feəweɪ]
zandbank (de)	shallows	['ʃæləʊz]
stranden (ww)	to run aground	[tə rʌn ə'graʊnd]

storm (de)	storm	[stɔːm]
signaal (het)	signal	['sɪgnəl]
zinken (ov. een boot)	to sink (vi)	[tə sɪŋk]
Man overboord!	Man overboard!	[ˌmæn 'əʊvəbɔːd]
SOS (noodsignaal)	SOS	[ˌesəʊ'es]
reddingsboei (de)	ring buoy	[rɪŋ bɔɪ]

144. Vliegveld

luchthaven (de)	airport	['eəpɔːt]
vliegtuig (het)	aeroplane	['eərəpleɪn]
luchtvaartmaatschappij (de)	airline	['eəlaɪn]
luchtverkeersleider (de)	air-traffic controller	['eə 'træfɪk kən'trəʊlə]

vertrek (het)	departure	[dɪ'pɑːtʃə(r)]
aankomst (de)	arrival	[ə'raɪvəl]
aankomen (per vliegtuig)	to arrive (vi)	[tə ə'raɪv]

vertrektijd (de)	departure time	[dɪ'pɑːtʃə ˌtaɪm]
aankomstuur (het)	arrival time	[ə'raɪvəl taɪm]

vertraagd zijn (ww)	to be delayed	[tə bi dɪ'leɪd]
vluchtvertraging (de)	flight delay	[flaɪt dɪ'leɪ]

informatiebord (het)	information board	[ˌɪnfə'meɪʃən bɔːd]
informatie (de)	information	[ˌɪnfə'meɪʃən]
aankondigen (ww)	to announce (vt)	[tə ə'naʊns]
vlucht (bijv. KLM ~)	flight	[flaɪt]

douane (de)	customs	['kʌstəmz]
douanier (de)	customs officer	['kʌstəmz 'ɒfɪsə(r)]

douaneaangifte (de)	customs declaration	['kʌstəmz ˌdeklə'reɪʃən]
invullen (douaneaangifte ~)	to fill in (vt)	[tə fɪl 'ɪn]
paspoortcontrole (de)	passport control	['pɑːspɔːt kən'trəʊl]

bagage (de)	luggage	['lʌgɪdʒ]
handbagage (de)	hand luggage	['hændˌlʌgɪdʒ]
Gevonden voorwerpen	LOST PROPERTY	[lɒst 'prɒpətɪ]
bagagekarretje (het)	luggage trolley	['lʌgɪdʒ 'trɒlɪ]

landing (de)	landing	['lændɪŋ]
landingsbaan (de)	runway	['rʌnˌweɪ]
landen (ww)	to land (vi)	[tə lænd]
vliegtuigtrap (de)	airstairs	[eə'steəz]

inchecken (het)	check-in	['tʃek ɪŋ]
incheckbalie (de)	check-in desk	['tʃek ɪŋ desk]
inchecken (ww)	to check-in (vi)	[tə tʃek ɪn]
instapkaart (de)	boarding pass	['bɔːdɪŋ pɑːs]
gate (de)	departure gate	[dɪ'pɑːtʃə ˌgeɪt]

transit (de)	transit	['trænsɪt]
wachten (ww)	to wait (vt)	[tə weɪt]
wachtzaal (de)	departure lounge	[dɪ'pɑːtʃə laʊndʒ]

145. Fiets. Motorfiets

fiets (de)	bicycle	['baɪsɪkəl]
bromfiets (de)	scooter	['skuːtə(r)]
motorfiets (de)	motorbike	['məʊtəbaɪk]

met de fiets rijden	to go by bicycle	[tə gəʊ baɪ 'baɪsɪkəl]
stuur (het)	handlebars	['hændəlbɑːz]
pedaal (de/het)	pedal	['pedəl]
remmen (mv.)	brakes	[breɪks]
fietszadel (de/het)	saddle	['sædəl]

pomp (de)	pump	[pʌmp]
bagagedrager (de)	luggage rack	['lʌgɪdʒ ræk]
fietslicht (het)	front lamp	[frʌnt læmp]
helm (de)	helmet	['helmɪt]

wiel (het)	wheel	[wiːl]
spatbord (het)	mudguard	['mʌdgɑːd]
velg (de)	rim	[rɪm]
spaak (de)	spoke	[spəʊk]

Auto's

146. Soorten auto's

auto (de)	car	[kɑː(r)]
sportauto (de)	sports car	[ˈspɔːts kɑː(r)]
limousine (de)	limousine	[ˈlɪməziːn]
terreinwagen (de)	off-road vehicle	[ɒfˈrəʊd ˈviːɪkəl]
cabriolet (de)	convertible	[kənˈvɜːtəbəl]
minibus (de)	minibus	[ˈmɪnɪbʌs]
ambulance (de)	ambulance	[ˈæmbjʊləns]
sneeuwruimer (de)	snowplough	[ˈsnəʊplaʊ]
vrachtwagen (de)	lorry	[ˈlɒrɪ]
tankwagen (de)	road tanker	[rəʊd ˈtæŋkə]
bestelwagen (de)	van	[væn]
trekker (de)	articulated lorry	[ɑːˈtɪkjʊleɪtɪd ˈlɒrɪ]
aanhangwagen (de)	trailer	[ˈtreɪlə(r)]
comfortabel (bn)	comfortable	[ˈkʌmfətəbəl]
tweedehands (bn)	second hand	[ˈsekənd ˌhænd]

147. Auto's. Carrosserie

motorkap (de)	bonnet	[ˈbɒnɪt]
spatbord (het)	wing	[wɪŋ]
dak (het)	roof	[ruːf]
voorruit (de)	windscreen	[ˈwɪndskriːn]
achterruit (de)	rear-view mirror	[ˈrɪəvjuː ˈmɪrə(r)]
ruitensproeier (de)	windscreen washer	[ˈwɪndskriːn ˈwɒʃə(r)]
wisserbladen (mv.)	windscreen wipers	[ˈwɪndskriːn ˈwaɪpəz]
zijruit (de)	side window	[ˌsaɪd ˈwɪndəʊ]
raamlift (de)	window lift	[ˈwɪndəʊ lɪft]
antenne (de)	aerial	[ˈeərɪəl]
zonnedak (het)	sun roof	[ˈsʌnruːf]
bumper (de)	bumper	[ˈbʌmpə(r)]
koffer (de)	boot	[buːt]
imperiaal (de/het)	roof luggage rack	[ruːf ˈlʌgɪdʒ ræk]
portier (het)	door	[dɔː(r)]
handvat (het)	door handle	[ˈdɔː ˌhændəl]
slot (het)	door lock	[dɔː lɒk]
nummerplaat (de)	number plate	[ˈnʌmbə pleɪt]
knalpot (de)	silencer	[ˈsaɪlənsə(r)]

benzinetank (de)	petrol tank	['petrəl tæŋk]
uitlaatpijp (de)	exhaust pipe	[ɪg'zɔ:st paɪp]

gas (het)	accelerator	[ək'seləreɪtə(r)]
pedaal (de/het)	pedal	['pedəl]
gaspedaal (de/het)	accelerator pedal	[ək'seləreɪtə 'pedəl]

rem (de)	brake	[breɪk]
rempedaal (de/het)	brake pedal	[ˌbreɪk 'pedəl]
remmen (ww)	to brake (vi)	[tə breɪk]
handrem (de)	handbrake	['hændbreɪk]

koppeling (de)	clutch	[klʌtʃ]
koppelingspedaal (de/het)	clutch pedal	[klʌtʃ 'pedəl]
koppelingsschijf (de)	clutch plate	[klʌtʃ pleɪt]
schokdemper (de)	shock absorber	[ʃɒk əb'sɔ:bə]

wiel (het)	wheel	[wi:l]
reservewiel (het)	spare tyre	[speə 'taɪə(r)]
band (de)	tyre	['taɪə(r)]
wieldop (de)	wheel cover	[wi:l 'kʌvə(r)]

aandrijfwielen (mv.)	driving wheels	['draɪvɪŋ ˌwi:lz]
met voorwielaandrijving	front-wheel drive	['frʌnt wi:l ˌdraɪv]
met achterwielaandrijving	rear-wheel drive	[ˌrɪə 'wi:l 'draɪv]
met vierwielaandrijving	all-wheel drive	[ˌɔ:l-wi:l 'draɪv]

versnellingsbak (de)	gearbox	['gɪəbɒks]
automatisch (bn)	automatic	[ˌɔ:tə'mætɪk]
mechanisch (bn)	mechanical	[mɪ'kænɪkəl]
versnellingspook (de)	gear lever	[gɪə 'li:və]

voorlicht (het)	headlight	['hedlaɪt]
voorlichten (mv.)	headlights	['hedlaɪts]

dimlicht (het)	dipped headlights	[dɪpt 'hedlaɪts]
grootlicht (het)	full headlights	[fʊl 'hedlaɪts]
stoplicht (het)	brake light	['breɪklaɪt]

standlichten (mv.)	sidelights	['saɪdlaɪts]
noodverlichting (de)	hazard lights	['hæzəd laɪts]
mistlichten (mv.)	fog lights	[fɒg laɪts]
pinker (de)	turn indicator	[tɜ:n 'ɪndɪkeɪtə(r)]
achteruitrijdlicht (het)	reversing light	[rɪ'vɜ:sɪŋ laɪt]

148. Auto's. Passagiersruimte

interieur (het)	car inside	[kɑ:rɪn'saɪd]
leren (van leer gemaak)	leather	['leðə(r)]
fluwelen (abn)	velour	[və'lʊə(r)]
bekleding (de)	upholstery	[ˌʌp'həʊlstərɪ]

toestel (het)	instrument	['ɪnstrʊmənt]
instrumentenbord (het)	dashboard	['dæʃbɔ:d]

| snelheidsmeter (de) | speedometer | [spɪˈdɒmɪtə(r)] |
| pijltje (het) | needle | [ˈniːdəl] |

kilometerteller (de)	mileometer	[maɪˈlɒmɪtə(r)]
sensor (de)	indicator, sensor	[ˈɪndɪkeɪtə], [ˈsensə]
niveau (het)	level	[ˈlevəl]
controlelampje (het)	warning light	[ˈwɔːnɪŋ laɪt]

stuur (het)	steering wheel	[ˈstɪərɪŋ wiːl]
toeter (de)	horn	[hɔːn]
knopje (het)	button	[ˈbʌtən]
schakelaar (de)	switch	[swɪtʃ]

stoel (bestuurders~)	seat	[siːt]
rugleuning (de)	backrest	[ˈbækrest]
hoofdsteun (de)	headrest	[ˈhedrest]
veiligheidsgordel (de)	seat belt	[siːt belt]
de gordel aandoen	to fasten the belt	[tə ˈfɑːsən ðə belt]
regeling (de)	adjustment	[əˈdʒʌstmənt]

| airbag (de) | airbag | [ˈeəbæg] |
| airconditioner (de) | air-conditioner | [eə kənˈdɪʃənə] |

radio (de)	radio	[ˈreɪdɪəʊ]
CD-speler (de)	CD Player	[ˌsiːˈdiː ˈpleɪə(r)]
aanzetten (bijv. radio ~)	to turn on (vt)	[tə tɜːn ɒn]
antenne (de)	aerial	[ˈeərɪəl]
handschoenenkastje (het)	glove box	[ˈglʌv ˌbɒks]
asbak (de)	ashtray	[ˈæʃtreɪ]

149. Auto's. Motor

| diesel- (abn) | diesel | [ˈdiːzəl] |
| benzine- (~motor) | petrol | [ˈpetrəl] |

motorinhoud (de)	engine volume	[ˈendʒɪn ˈvɒljuːm]
vermogen (het)	power	[ˈpaʊə(r)]
paardenkracht (de)	horsepower	[ˈhɔːsˌpaʊə(r)]
zuiger (de)	piston	[ˈpɪstən]
cilinder (de)	cylinder	[ˈsɪlɪndə(r)]
klep (de)	valve	[vælv]

injectie (de)	injector	[ɪnˈdʒektə(r)]
generator (de)	generator	[ˈdʒenəreɪtə(r)]
carburator (de)	carburettor	[ˌkɑːbəˈretə(r)]
motorolie (de)	engine oil	[ˈendʒɪn ˌɔɪl]

radiator (de)	radiator	[ˈreɪdɪeɪtə(r)]
koelvloeistof (de)	coolant	[ˈkuːlənt]
ventilator (de)	cooling fan	[ˈkuːlɪŋ fæn]

accu (de)	battery	[ˈbætərɪ]
starter (de)	starter	[ˈstɑːtə(r)]
contact (ontsteking)	ignition	[ɪgˈnɪʃən]

bougie (de)	sparking plug	['spɑːkɪŋ plʌg]
pool (de)	terminal	['tɜːmɪnəl]
positieve pool (de)	positive terminal	['pɒzɪtɪv 'tɜːmɪnəl]
negatieve pool (de)	negative terminal	['negətɪv 'tɜːmɪnəl]
zekering (de)	fuse	[fjuːz]

luchtfilter (de)	air filter	[eə 'fɪltə(r)]
oliefilter (de)	oil filter	[ɔɪl 'fɪltə(r)]
benzinefilter (de)	fuel filter	[fjʊəl 'fɪltə(r)]

150. Auto's. Botsing. Reparatie

auto-ongeval (het)	car accident	[kɑːr'æksɪdənt]
verkeersongeluk (het)	road accident	[rəʊd 'æksɪdənt]
aanrijden	to smash (vi)	[tə smæʃ]
(tegen een boom, enz.)		
verongelukken (ww)	to get smashed up	[tə get smæʃt ʌp]
beschadiging (de)	damage	['dæmɪdʒ]
heelhuids (bn)	intact	[ɪn'tækt]

pech (de)	breakdown	['breɪkdaʊn]
kapot gaan (zijn gebroken)	to break down (vi)	[tə 'breɪkdaʊn]
sleeptouw (het)	towrope	['təʊrəʊp]

lek (het)	puncture	['pʌŋktʃə]
lekke krijgen (band)	to have a puncture	[tə ˌhævə 'pʌŋktʃə]
oppompen (ww)	to pump up	[tə pʌmp ʌp]
druk (de)	pressure	['preʃə(r)]
checken (controleren)	to check (vt)	[tə tʃek]

reparatie (de)	repair	[rɪ'peə(r)]
garage (de)	auto repair shop	['ɔːtəʊ rɪ'peə ʃɒp]
wisselstuk (het)	spare part	[speə pɑːt]
onderdeel (het)	part	[pɑːt]

bout (de)	bolt	[bəʊlt]
schroef (de)	screw bolt	[skruː bəʊlt]
moer (de)	nut	[nʌt]
sluitring (de)	washer	['wɒʃə(r)]
kogellager (de/het)	bearing	['beərɪŋ]

pijp (de)	tube	[tjuːb]
pakking (de)	gasket	['gæskɪt]
kabel (de)	cable, wire	['keɪbəl], ['waɪə]

dommekracht (de)	jack	[dʒæk]
moersleutel (de)	spanner	['spænə(r)]
hamer (de)	hammer	['hæmə(r)]
pomp (de)	pump	[pʌmp]
schroevendraaier (de)	screwdriver	['skruːˌdraɪvə(r)]
brandblusser (de)	fire extinguisher	['faɪər ɪk'stɪŋgwɪʃə(r)]
gevarendriehoek (de)	warning triangle	['wɔːnɪŋ 'traɪæŋgəl]
afslaan	to stall (vi)	[tə stɔːl]
(ophouden te werken)		

| uitvallen (het) | stalling | ['stɔ:lɪŋ] |
| zijn gebroken | to be broken | [tə bi 'brəʊkən] |

ververhitten (ww)	to overheat (vi)	[tə ˌəʊvə'hi:t]
verstopt raken (ww)	to be clogged up	[tə bi: ˌklɒgd ʌp]
bevriezen (autodeur, enz.)	to freeze up	[tə fri:z 'ʌp]
barsten (leidingen, enz.)	to burst (vi)	[tə bɜːst]

druk (de)	pressure	['preʃə(r)]
niveau (bijv. olieniveau)	level	['levəl]
slap (de drijfriem is ~)	slack	[slæk]

deuk (de)	dent	[dent]
geklop (vreemde geluiden)	abnormal noise	[æb'nɔ:məl nɔɪz]
barst (de)	crack	[kræk]
kras (de)	scratch	[skrætʃ]

151. Auto's. Weg

weg (de)	road	[rəʊd]
snelweg (de)	motorway	['məʊtəˌweɪ]
autoweg (de)	highway	['haɪweɪ]
richting (de)	direction	[dɪ'rekʃən]
afstand (de)	distance	['dɪstəns]

brug (de)	bridge	[brɪdʒ]
parking (de)	car park	[kɑ: pɑːk]
plein (het)	square	[skweə(r)]
verkeersknooppunt (het)	road junction	[rəʊd 'dʒʌŋkʃən]
tunnel (de)	tunnel	['tʌnəl]

benzinestation (het)	petrol station	['petrəl 'steɪʃən]
parking (de)	car park	[kɑ: pɑːk]
benzinepomp (de)	petrol pump	['petrəl pʌmp]
garage (de)	auto repair shop	['ɔ:təʊ rɪ'peə ʃɒp]
tanken (ww)	to fill up	[tə fɪl ʌp]
brandstof (de)	fuel	[fjʊəl]
jerrycan (de)	jerrycan	['dʒerɪkæn]

asfalt (het)	asphalt	['æsfælt]
markering (de)	road markings	[rəʊd 'mɑːkɪŋz]
trottoirband (de)	kerb	[kɜːb]
geleiderail (de)	guardrail	['gɑːdreɪl]
greppel (de)	ditch	[dɪtʃ]
vluchtstrook (de)	roadside	['rəʊdsaɪd]
lichtmast (de)	lamppost	['læmppəʊst]

besturen (een auto ~)	to drive (vi, vt)	[tə draɪv]
afslaan (naar rechts ~)	to turn (vi)	[tə tɜːn]
U-bocht maken (ww)	to make a U-turn	[tə meɪk ə ju:-tɜːn]
achteruit (de)	reverse	[rɪ'vɜːs]

| toeteren (ww) | to honk (vi) | [tə hɒŋk] |
| toeter (de) | honk | [hɒŋk] |

vastzitten (in modder)	to get stuck	[tə get stʌk]
spinnen (wielen gaan ~)	to spin the wheels	[tə spɪn ðə wiːlz]
uitzetten (ww)	to stop, to turn off	[tə stɒp], [tə tɜːn ɒf]

snelheid (de)	speed	[spiːd]
een snelheidsovertreding maken	to exceed the speed limit	[tə ɪk'siːd ðə spiːd 'lɪmɪt]
bekeuren (ww)	to give sb a ticket	[tə gɪv ... ə 'tɪkɪt]
verkeerslicht (het)	traffic lights	['træfɪk laɪts]
rijbewijs (het)	driving licence	['draɪvɪŋ ˌlaɪsəns]

overgang (de)	level crossing	['levəl 'krɒsɪŋ]
kruispunt (het)	crossroads	['krɒsrəʊdz]
zebrapad (oversteekplaats)	zebra crossing	['zebrə ˌkrɒsɪŋ]
bocht (de)	bend, curve	[bend], [kɜːv]
voetgangerszone (de)	pedestrian precinct	[pɪ'destrɪən 'priːsɪŋkt]

MENSEN. GEBEURTENISSEN IN HET LEVEN

Gebeurtenissen in het leven

152. Vakanties. Evenement

feest (het)	celebration, holiday	[ˌselɪ'breɪʃən], ['hɒlɪdeɪ]
nationale feestdag (de)	national day	['næʃənəl deɪ]
feestdag (de)	public holiday	['pʌblɪk 'hɒlɪdeɪ]
herdenken (ww)	to commemorate (vt)	[tə kə'meməˌreɪt]
gebeurtenis (de)	event	[ɪ'vent]
evenement (het)	event	[ɪ'vent]
banket (het)	banquet	['bæŋkwɪt]
receptie (de)	reception	[rɪ'sepʃən]
feestmaal (het)	feast	[fiːst]
verjaardag (de)	anniversary	[ænɪ'vɜːsərɪ]
jubileum (het)	jubilee	['dʒuːbɪliː]
vieren (ww)	to celebrate (vt)	[tə 'selɪbreɪt]
Nieuwjaar (het)	New Year	[njuː jɪə(r)]
Gelukkig Nieuwjaar!	Happy New Year!	['hæpɪ njuː jɪə(r)]
Sinterklaas (de)	Santa Claus	['sæntə klɔːz]
Kerstfeest (het)	Christmas	['krɪsməs]
Vrolijk kerstfeest!	Merry Christmas!	[ˌmerɪ 'krɪsməs]
kerstboom (de)	Christmas tree	['krɪsməs triː]
vuurwerk (het)	fireworks	['faɪəwɜːks]
bruiloft (de)	wedding	['wedɪŋ]
bruidegom (de)	groom	[gruːm]
bruid (de)	bride	[braɪd]
uitnodigen (ww)	to invite (vt)	[tə ɪn'vaɪt]
uitnodiging (de)	invitation card	[ˌɪnvɪ'teɪʃən kɑːd]
gast (de)	guest	[gest]
op bezoek gaan	to visit with ...	[tə 'vɪzɪt wɪð]
gasten verwelkomen	to greet the guests	[tə griːt ðə gest]
geschenk, cadeau (het)	gift, present	[gɪft], ['prezənt]
geven (iets cadeau ~)	to give (vt)	[tə gɪv]
geschenken ontvangen	to receive gifts	[tə rɪ'siːv gɪfts]
boeket (het)	bouquet	[bʊ'keɪ]
felicitaties (mv.)	congratulations	[kənˌgrætʃʊ'leɪʃənz]
feliciteren (ww)	to congratulate (vt)	[tə kən'grætʃʊleɪt]
wenskaart (de)	greetings card	['griːtɪŋz kɑːd]

| een kaartje versturen | to send a postcard | [tə ˌsend ə 'pəʊstkɑːd] |
| een kaartje ontvangen | to get a postcard | [tə get ə 'pəʊstkɑːd] |

toast (de)	toast	[təʊst]
aanbieden (een drankje ~)	to offer (vt)	[tə 'ɒfə(r)]
champagne (de)	champagne	[ˌʃæm'peɪn]

plezier hebben (ww)	to enjoy oneself	[tə ɪn'dʒɔɪ wʌn'self]
plezier (het)	fun, merriment	[fʌn], ['merɪmənt]
vreugde (de)	joy	[dʒɔɪ]

| dans (de) | dance | [dɑːns] |
| dansen (ww) | to dance (vi, vt) | [tə dɑːns] |

| wals (de) | waltz | [wɔːls] |
| tango (de) | tango | ['tæŋgəʊ] |

153. Begrafenissen. Begrafenis

kerkhof (het)	cemetery	['semɪtrɪ]
graf (het)	grave, tomb	[greɪv], [tuːm]
grafsteen (de)	gravestone	['greɪvstəʊn]
omheining (de)	fence	[fens]
kapel (de)	chapel	['tʃæpəl]

dood (de)	death	[deθ]
sterven (ww)	to die (vi)	[tə daɪ]
overledene (de)	the deceased	[ðə dɪ'siːst]
rouw (de)	mourning	['mɔːnɪŋ]

begraven (ww)	to bury (vt)	[tə 'berɪ]
begrafenisonderneming (de)	undertakers	['ʌndəˌteɪkəs]
begrafenis (de)	funeral	['fjuːnərəl]

krans (de)	wreath	[riːθ]
doodskist (de)	coffin	['kɒfɪn]
lijkwagen (de)	hearse	[hɜːs]
lijkkleed (de)	shroud	[ʃraʊd]

begrafenisstoet (de)	funeral procession	['fjuːnərəl prə'seʃən]
urn (de)	cremation urn	[krɪ'meɪʃən ˌɜːn]
crematorium (het)	crematorium	[ˌkremə'tɔːrɪəm]

overlijdensbericht (het)	obituary	[ə'bɪtʃʊərɪ]
huilen (wenen)	to cry (vi)	[tə kraɪ]
snikken (huilen)	to sob (vi)	[tə sɒb]

154. Oorlog. Soldaten

peloton (het)	platoon	[plə'tuːn]
compagnie (de)	company	['kʌmpənɪ]
regiment (het)	regiment	['redʒɪmənt]

| leger (armee) | army | [ˈɑ:mɪ] |
| divisie (de) | division | [dɪˈvɪʒən] |

| sectie (de) | section, squad | [ˈsekʃən], [skwɒd] |
| troep (de) | host | [həʊst] |

| soldaat (militair) | soldier | [ˈsəʊldʒə(r)] |
| officier (de) | officer | [ˈɒfɪsə(r)] |

soldaat (rang)	private	[ˈpraɪvɪt]
sergeant (de)	sergeant	[ˈsɑ:dʒənt]
luitenant (de)	lieutenant	[lefˈtenənt]

kapitein (de)	captain	[ˈkæptɪn]
majoor (de)	major	[ˈmeɪdʒə(r)]
kolonel (de)	colonel	[ˈkɜ:nəl]
generaal (de)	general	[ˈdʒenərəl]

matroos (de)	sailor	[ˈseɪlə(r)]
kapitein (de)	captain	[ˈkæptɪn]
bootsman (de)	boatswain	[ˈbəʊsən]

artillerist (de)	artilleryman	[ɑ:ˈtɪlərɪmən]
valschermjager (de)	paratrooper	[ˈpærətru:pə(r)]
piloot (de)	pilot	[ˈpaɪlət]
stuurman (de)	navigator	[ˈnævɪgeɪtə(r)]
mecanicien (de)	mechanic	[mɪˈkænɪk]

| sappeur (de) | pioneer | [ˌpaɪəˈnɪə(r)] |
| parachutist (de) | parachutist | [ˈpærəʃu:tɪst] |

| verkenner (de) | scout | [skaʊt] |
| scherpschutter (de) | sniper | [ˈsnaɪpə(r)] |

patrouille (de)	patrol	[pəˈtrəʊl]
patrouilleren (ww)	to patrol (vi, vt)	[tə pəˈtrəʊl]
wacht (de)	sentry, guard	[ˈsentrɪ], [gɑ:d]

krijger (de)	warrior	[ˈwɒrɪə(r)]
held (de)	hero	[ˈhɪərəʊ]
heldin (de)	heroine	[ˈherəʊɪn]
patriot (de)	patriot	[ˈpætrɪət]

| verrader (de) | traitor | [ˈtreɪtə(r)] |
| verraden (ww) | to betray (vt) | [tə bɪˈtreɪ] |

| deserteur (de) | deserter | [dɪˈzɜ:tə(r)] |
| deserteren (ww) | to desert (vi) | [tə dɪˈzɜ:t] |

huurling (de)	mercenary	[ˈmɜ:sɪnərɪ]
rekruut (de)	recruit	[rɪˈkru:t]
vrijwilliger (de)	volunteer	[ˌvɒlənˈtɪə(r)]

gedode (de)	dead	[ded]
gewonde (de)	wounded	[ˈwu:ndɪd]
krijgsgevangene (de)	prisoner of war	[ˈprɪzənə əv wɔ:]

155. Oorlog. Militaire acties. Deel 1

oorlog (de)	war	[wɔ:(r)]
oorlog voeren (ww)	to be at war	[tə bi ət wɔ:]
burgeroorlog (de)	civil war	['sɪvəl wɔ:]
achterbaks (bw)	treacherously	['tretʃərəslɪ]
oorlogsverklaring (de)	declaration of war	[ˌdeklə'reɪʃən əv wɔ:]
verklaren (de oorlog ~)	to declare (vt)	[tə dɪ'kleə(r)]
agressie (de)	aggression	[ə'greʃən]
aanvallen (binnenvallen)	to attack (vt)	[tə ə'tæk]
binnenvallen (ww)	to invade (vt)	[tu ɪn'veɪd]
invaller (de)	invader	[ɪn'veɪdə(r)]
veroveraar (de)	conqueror	['kɒŋkərə(r)]
verdediging (de)	defence	[dɪ'fens]
verdedigen (je land ~)	to defend (vt)	[tə dɪ'fend]
zich verdedigen (ww)	to defend (against ...)	[tə dɪ'fend]
vijand (de)	enemy	['enɪmɪ]
vijandelijk (bn)	enemy	['enɪmɪ]
strategie (de)	strategy	['strætɪdʒɪ]
tactiek (de)	tactics	['tæktɪks]
order (de)	order	['ɔ:də(r)]
bevel (het)	command	[kə'mɑ:nd]
bevelen (ww)	to order (vt)	[tə 'ɔ:də(r)]
opdracht (de)	mission	['mɪʃən]
geheim (bn)	secret	['si:krɪt]
veldslag (de)	battle	['bætəl]
strijd (de)	combat	['kɒmbæt]
aanval (de)	attack	[ə'tæk]
bestorming (de)	storming	['stɔ:mɪŋ]
bestormen (ww)	to storm (vt)	[tə stɔ:m]
bezetting (de)	siege	[si:dʒ]
aanval (de)	offensive	[ə'fensɪv]
in het offensief te gaan	to go on the offensive	[tə gəʊ ɒn ði ə'fensɪv]
terugtrekking (de)	retreat	[rɪ'tri:t]
zich terugtrekken (ww)	to retreat (vi)	[tə rɪ'tri:t]
omsingeling (de)	encirclement	[ɪn'sɜ:kəlmənt]
omsingelen (ww)	to encircle (vt)	[tə ɪn'sɜ:kəl]
bombardement (het)	bombing	['bɒmɪŋ]
een bom gooien	to drop a bomb	[tə drɒp ə bɒm]
bombarderen (ww)	to bomb (vt)	[tə bɒm]
ontploffing (de)	explosion	[ɪk'spləʊʒən]
schot (het)	shot	[ʃɒt]
een schot lossen	to fire a shot	[tə ˌfaɪə ə 'ʃɒt]

schieten (het)	**firing**	['faɪərɪŋ]
mikken op (ww)	**to aim** (vt)	[tə eɪm]
aanleggen (een wapen ~)	**to point** (vt)	[tə pɔɪnt]
treffen (doelwit ~)	**to hit** (vt)	[tə hɪt]

zinken (tot zinken brengen)	**to sink** (vt)	[tə sɪŋk]
kogelgat (het)	**hole**	[həʊl]
zinken (gezonken zijn)	**to founder, to sink** (vi)	[tə 'faʊndə(r)], [tə sɪŋk]

front (het)	**front**	[frʌnt]
hinterland (het)	**rear, homefront**	[rɪə(r)], [həʊmfrʌnt]
evacuatie (de)	**evacuation**	[ɪˌvækjʊ'eɪʃən]
evacueren (ww)	**to evacuate** (vt)	[tə ɪ'vækjʊeɪt]

loopgraaf (de)	**trench**	[trentʃ]
prikkeldraad (de)	**barbed wire**	['bɑːbd ˌwaɪə(r)]
verdedigingsobstakel (het)	**barrier**	['bærɪə(r)]
wachttoren (de)	**watchtower**	['wɒtʃˌtaʊə(r)]

hospitaal (het)	**hospital**	['hɒspɪtəl]
verwonden (ww)	**to wound** (vt)	[tə wuːnd]
wond (de)	**wound**	[wuːnd]
gewonde (de)	**wounded**	['wuːndɪd]
gewond raken (ww)	**to be wounded**	[tə bi 'wuːndɪd]
ernstig (~e wond)	**serious**	['sɪərɪəs]

156. Wapens

wapens (mv.)	**weapons**	['wepənz]
vuurwapens (mv.)	**firearm**	['faɪərɑːm]
koude wapens (mv.)	**cold weapons**	[ˌkəʊld 'wepənz]

chemische wapens (mv.)	**chemical weapons**	['kemɪkəl 'wepənz]
kern-, nucleair (bn)	**nuclear**	['njuːklɪə(r)]
kernwapens (mv.)	**nuclear weapons**	['njuːklɪə 'wepənz]

bom (de)	**bomb**	[bɒm]
atoombom (de)	**atomic bomb**	[ə'tɒmɪk bɒm]

pistool (het)	**pistol**	['pɪstəl]
geweer (het)	**rifle**	['raɪfəl]
machinepistool (het)	**submachine gun**	[ˌsʌbmə'ʃiːn gʌn]
machinegeweer (het)	**machine gun**	[mə'ʃiːn gʌn]

loop (schietbuis)	**muzzle**	['mʌzəl]
loop (bijv. geweer met kortere ~)	**barrel**	['bærəl]
kaliber (het)	**calibre**	['kælɪbə(r)]

trekker (de)	**trigger**	['trɪgə(r)]
korrel (de)	**sight**	[saɪt]
magazijn (het)	**magazine**	[ˌmægə'ziːn]
geweerkolf (de)	**butt**	[bʌt]
granaat (handgranaat)	**hand grenade**	[hænd grə'neɪd]

explosieven (mv.)	explosive	[ɪk'spləusɪv]
kogel (de)	bullet	['bʊlɪt]
patroon (de)	cartridge	['kɑ:trɪdʒ]
lading (de)	charge	[tʃɑ:dʒ]
ammunitie (de)	ammunition	[ˌæmjʊ'nɪʃən]

bommenwerper (de)	bomber	['bɒmə(r)]
straaljager (de)	fighter	['faɪtə(r)]
helikopter (de)	helicopter	['helɪkɒptə(r)]

afweergeschut (het)	anti-aircraft gun	['æntɪ-'eəkrɑ:ft gʌn]
tank (de)	tank	[tæŋk]
kanon (tank met een ~ van 76 mm)	tank gun	['tæŋk ˌgʌn]

| artillerie (de) | artillery | [ɑ:'tɪlərɪ] |
| kanon (het) | cannon | ['kænən] |

projectiel (het)	shell	[ʃel]
mortiergranaat (de)	mortar bomb	['mɔ:tə bɒm]
mortier (de)	mortar	['mɔ:tə(r)]
granaatscherf (de)	splinter	['splɪntə(r)]

duikboot (de)	submarine	[ˌsʌbmə'ri:n]
torpedo (de)	torpedo	[tɔ:'pi:dəʊ]
raket (de)	missile	['mɪsəl]

laden (geweer, kanon)	to load (vt)	[tə ləʊd]
schieten (ww)	to shoot (vi)	[tə ʃu:t]
richten op (mikken)	to take aim at ...	[tə teɪk eɪm ət]
bajonet (de)	bayonet	['beɪənɪt]

degen (de)	epee	['eɪpeɪ]
sabel (de)	sabre	['seɪbə(r)]
speer (de)	spear	[spɪə(r)]
boog (de)	bow	[bəʊ]
pijl (de)	arrow	['ærəʊ]
musket (de)	musket	['mʌskɪt]
kruisboog (de)	crossbow	['krɒsbəʊ]

157. Oude mensen

primitief (bn)	primitive	['prɪmɪtɪv]
voorhistorisch (bn)	prehistoric	[ˌpri:hɪ'stɒrɪk]
eeuwenoude (~ beschaving)	ancient	['eɪnʃənt]

Steentijd (de)	Stone Age	[ˌstəʊn 'eɪdʒ]
Bronstijd (de)	Bronze Age	['brɒnz ˌeɪdʒ]
IJstijd (de)	Ice Age	['aɪs ˌeɪdʒ]

stam (de)	tribe	[traɪb]
menseneter (de)	cannibal	['kænɪbəl]
jager (de)	hunter	['hʌntə(r)]
jagen (ww)	to hunt (vi, vt)	[tə hʌnt]

mammoet (de)	mammoth	['mæməθ]
grot (de)	cave	[keɪv]
vuur (het)	fire	['faɪə(r)]
kampvuur (het)	campfire	['kæmp,faɪə(r)]
rotstekening (de)	rock painting	[rɒk 'peɪntɪŋ]

werkinstrument (het)	tool	[tuːl]
speer (de)	spear	[spɪə(r)]
stenen bijl (de)	stone axe	[stəʊn æks]
oorlog voeren (ww)	to be at war	[tə bi ət wɔː]
temmen (bijv. wolf ~)	to domesticate (vt)	[tə də'mestɪkeɪt]

idool (het)	idol	['aɪdəl]
aanbidden (ww)	to worship (vt)	[tə 'wɜːʃɪp]
bijgeloof (het)	superstition	[,suːpə'stɪʃən]
ritueel (het)	rite	[raɪt]

evolutie (de)	evolution	[,iːvə'luːʃən]
ontwikkeling (de)	development	[dɪ'veləpmənt]
verdwijning (de)	disappearance	[,dɪsə'pɪərəns]
zich aanpassen (ww)	to adapt oneself	[tə ə'dæpt wʌn'self]

archeologie (de)	archaeology	[,ɑːkɪ'ɒlədʒɪ]
archeoloog (de)	archaeologist	[,ɑːkɪ'ɒlədʒɪst]
archeologisch (bn)	archaeological	[,ɑːkɪə'lɒdʒɪkəl]

opgravingsplaats (de)	excavation site	[,ekskə'veɪʃən saɪt]
opgravingen (mv.)	excavations	[,ekskə'veɪʃənz]
vondst (de)	find	[faɪnd]
fragment (het)	fragment	['frægmənt]

158. Middeleeuwen

volk (het)	people	['piːpəl]
volkeren (mv.)	peoples	['piːpəlz]
stam (de)	tribe	[traɪb]
stammen (mv.)	tribes	[traɪbz]

barbaren (mv.)	barbarians	[bɑː'beərɪənz]
Galliërs (mv.)	Gauls	[gɔːlz]
Goten (mv.)	Goths	[gɒθs]
Slaven (mv.)	Slavs	[slɑːvz]
Vikings (mv.)	Vikings	['vaɪkɪŋz]

Romeinen (mv.)	Romans	['rəʊmənz]
Romeins (bn)	Roman	['rəʊmən]

Byzantijnen (mv.)	Byzantines	[bɪ'zæntaɪnz]
Byzantium (het)	Byzantium	[bɪ'zæntɪəm]
Byzantijns (bn)	Byzantine	[bɪ'zæntaɪn]

keizer (bijv. Romeinse ~)	emperor	['empərə(r)]
opperhoofd (het)	leader, chief	['liːdə], [tʃiːf]
machtig (bn)	powerful	['paʊəfʊl]

| koning (de) | king | [kɪŋ] |
| heerser (de) | ruler | [ˈruːlə(r)] |

ridder (de)	knight	[naɪt]
feodaal (de)	feudal lord	[ˈfjuːdəl lɔːd]
feodaal (bn)	feudal	[ˈfjuːdəl]
vazal (de)	vassal	[ˈvæsəl]

hertog (de)	duke	[djuːk]
graaf (de)	earl	[ɜːl]
baron (de)	baron	[ˈbærən]
bisschop (de)	bishop	[ˈbɪʃəp]

harnas (het)	armour	[ˈɑːmə(r)]
schild (het)	shield	[ʃiːld]
zwaard (het)	sword	[sɔːd]
vizier (het)	visor	[ˈvaɪzə(r)]
maliënkolder (de)	chainmail	[tʃeɪn meɪl]

| kruistocht (de) | crusade | [kruːˈseɪd] |
| kruisvaarder (de) | crusader | [kruːˈseɪdə(r)] |

| gebied (bijv. bezette ~en) | territory | [ˈterətrɪ] |
| aanvallen (binnenvallen) | to attack (vt) | [tə əˈtæk] |

| veroveren (ww) | to conquer (vt) | [tə ˈkɒŋkə(r)] |
| innemen (binnenvallen) | to occupy (vt) | [tə ˈɒkjʊpaɪ] |

bezetting (de)	siege	[siːdʒ]
bezet (bn)	besieged	[bɪˈsiːdʒd]
belegeren (ww)	to besiege (vt)	[tə bɪˈsiːdʒ]

inquisitie (de)	inquisition	[ˌɪnkwɪˈzɪʃən]
inquisiteur (de)	inquisitor	[ɪnˈkwɪzɪtə(r)]
foltering (de)	torture	[ˈtɔːtʃə(r)]
wreed (bn)	cruel	[krʊəl]

| ketter (de) | heretic | [ˈherətɪk] |
| ketterij (de) | heresy | [ˈherəsɪ] |

zeevaart (de)	seafaring	[ˈsiːˌfeərɪŋ]
piraat (de)	pirate	[ˈpaɪrət]
piraterij (de)	piracy	[ˈpaɪrəsɪ]
enteren (het)	boarding	[ˈbɔːdɪŋ]

| buit (de) | loot | [luːt] |
| schatten (mv.) | treasures | [ˈtreʒəz] |

ontdekking (de)	discovery	[dɪˈskʌvərɪ]
ontdekken (bijv. nieuw land)	to discover (vt)	[tə dɪˈskʌvə(r)]
expeditie (de)	expedition	[ˌekspɪˈdɪʃən]

musketier (de)	musketeer	[ˌmʌskɪˈtɪə(r)]
kardinaal (de)	cardinal	[ˈkɑːdɪnəl]
heraldiek (de)	heraldry	[ˈherəldrɪ]
heraldisch (bn)	heraldic	[heˈrældɪk]

159. Leider. Baas. Autoriteiten

koning (de)	king	[kɪŋ]
koningin (de)	queen	[kwi:n]
koninklijk (bn)	royal	['rɔɪəl]
koninkrijk (het)	kingdom	['kɪŋdəm]
prins (de)	prince	[prɪns]
prinses (de)	princess	[prɪn'ses]
president (de)	president	['prezɪdənt]
vicepresident (de)	vice-president	[vaɪs 'prezɪdənt]
senator (de)	senator	['senətə(r)]
monarch (de)	monarch	['mɒnək]
heerser (de)	ruler	['ru:lə(r)]
dictator (de)	dictator	[dɪk'teɪtə(r)]
tiran (de)	tyrant	['taɪrənt]
magnaat (de)	magnate	['mægneɪt]
directeur (de)	director	[dɪ'rektə(r)]
chef (de)	chief	[tʃi:f]
beheerder (de)	manager	['mænɪdʒə(r)]
baas (de)	boss	[bɒs]
eigenaar (de)	owner	['əʊnə(r)]
leider (de)	leader	['li:də(r)]
hoofd	head	[hed]
(bijv. ~ van de delegatie)		
autoriteiten (mv.)	authorities	[ɔ:'θɒrətɪz]
superieuren (mv.)	superiors	[su:'pɪərɪərz]
gouverneur (de)	governor	['gʌvənə(r)]
consul (de)	consul	['kɒnsəl]
diplomaat (de)	diplomat	['dɪpləmæt]
burgemeester (de)	mayor	[meə(r)]
sheriff (de)	sheriff	['ʃerɪf]
keizer (bijv. Romeinse ~)	emperor	['empərə(r)]
tsaar (de)	tsar	[za:(r)]
farao (de)	pharaoh	['feərəʊ]
kan (de)	khan	[ka:n]

160. De wet overtreden. Criminelen. Deel 1

bandiet (de)	bandit	['bændɪt]
misdaad (de)	crime	[kraɪm]
misdadiger (de)	criminal	['krɪmɪnəl]
dief (de)	thief	[θi:f]
stelen (ww)	to steal (vt)	[tə sti:l]
stelen (de)	stealing	['sti:lɪŋ]
diefstal (de)	theft	[θeft]

kidnappen (ww)	to kidnap (vt)	[tə 'kɪdnæp]
kidnapping (de)	kidnapping	['kɪdnæpɪŋ]
kidnapper (de)	kidnapper	['kɪdnæpə(r)]

| losgeld (het) | ransom | ['rænsəm] |
| eisen losgeld (ww) | to demand ransom | [tə dɪ'mɑ:nd 'rænsəm] |

overvallen (ww)	to rob (vt)	[tə rɒb]
overval (de)	robbery	['rɒbərɪ]
overvaller (de)	robber	['rɒbə(r)]

afpersen (ww)	to extort (vt)	[tə ɪk'stɔ:t]
afperser (de)	extortionist	[ɪk'stɔ:ʃənɪst]
afpersing (de)	extortion	[ɪk'stɔ:ʃən]

vermoorden (ww)	to murder (vt)	[tə 'mɜ:də(r)]
moord (de)	murder	['mɜ:də(r)]
moordenaar (de)	murderer	['mɜ:dərə(r)]

schot (het)	gunshot	['gʌnʃɒt]
een schot lossen	to fire a shot	[tə ˌfaɪə ə 'ʃɒt]
neerschieten (ww)	to shoot to death	[tə ʃu:t tə deθ]
schieten (ww)	to shoot (vi)	[tə ʃu:t]
schieten (het)	shooting	['ʃu:tɪŋ]

ongeluk (gevecht, enz.)	incident	['ɪnsɪdənt]
gevecht (het)	fight, brawl	[faɪt], [brɔ:l]
Help!	Help!	[help]
slachtoffer (het)	victim	['vɪktɪm]

beschadigen (ww)	to damage (vt)	[tə 'dæmɪdʒ]
schade (de)	damage	['dæmɪdʒ]
lijk (het)	dead body	[ded 'bɒdɪ]
zwaar (~ misdrijf)	grave	[greɪv]

aanvallen (ww)	to attack (vt)	[tə ə'tæk]
slaan (iemand ~)	to beat (vt)	[tə bi:t]
in elkaar slaan (toetakelen)	to beat ... up	[tə bi:t ... ʌp]
ontnemen (beroven)	to take (vt)	[tə teɪk]
steken (met een mes)	to stab to death	[tə stæb tə deθ]
verminken (ww)	to maim (vt)	[tə meɪm]
verwonden (ww)	to wound (vt)	[tə wu:nd]

chantage (de)	blackmail	['blækˌmeɪl]
chanteren (ww)	to blackmail (vt)	[tə 'blækˌmeɪl]
chanteur (de)	blackmailer	['blækˌmeɪlə(r)]

afpersing (de)	protection racket	[prə'tekʃən 'rækɪt]
afperser (de)	racketeer	[ˌrækə'tɪə(r)]
gangster (de)	gangster	['gæŋstə(r)]
maffia (de)	mafia	['mæfɪə]

kruimeldief (de)	pickpocket	['pɪkˌpɒkɪt]
inbreker (de)	burglar	['bɜ:glə]
smokkelen (het)	smuggling	['smʌglɪŋ]
smokkelaar (de)	smuggler	['smʌglə(r)]

namaak (de)	forgery	['fɔːdʒərɪ]
namaken (ww)	to forge (vt)	[tə fɔːdʒ]
namaak-, vals (bn)	fake, forged	[feɪk], [fɔːdʒd]

161. De wet overtreden. Criminelen. Deel 2

verkrachting (de)	rape	[reɪp]
verkrachten (ww)	to rape (vt)	[tə reɪp]
verkrachter (de)	rapist	['reɪpɪst]
maniak (de)	maniac	['meɪnɪæk]

prostituee (de)	prostitute	['prɒstɪtjuːt]
prostitutie (de)	prostitution	[ˌprɒstɪ'tjuːʃən]
pooier (de)	pimp	[pɪmp]

| drugsverslaafde (de) | drug addict | ['drʌgˌædɪkt] |
| drugshandelaar (de) | drug dealer | ['drʌg ˌdiːlə(r)] |

opblazen (ww)	to blow up (vt)	[tə bləʊ ʌp]
explosie (de)	explosion	[ɪk'spləʊʒən]
in brand steken (ww)	to set fire	[tə set 'faɪə(r)]
brandstichter (de)	arsonist	['ɑːsənɪst]

terrorisme (het)	terrorism	['terərɪzəm]
terrorist (de)	terrorist	['terərɪst]
gijzelaar (de)	hostage	['hɒstɪdʒ]

bedriegen (ww)	to swindle (vt)	[tə 'swɪndəl]
bedrog (het)	swindle, deception	['swɪndəl], [dɪ'sepʃən]
oplichter (de)	swindler	['swɪndlə(r)]

omkopen (ww)	to bribe (vt)	[tə braɪb]
omkoperij (de)	bribery	['braɪbərɪ]
smeergeld (het)	bribe	[braɪb]

vergif (het)	poison	['pɔɪzən]
vergiftigen (ww)	to poison (vt)	[tə 'pɔɪzən]
vergif innemen (ww)	to poison oneself	[tə 'pɔɪzən wʌn'self]

| zelfmoord (de) | suicide | ['suːɪsaɪd] |
| zelfmoordenaar (de) | suicide | ['suːɪsaɪd] |

bedreigen (bijv. met een pistool)	to threaten (vt)	[tə 'θretən]
bedreiging (de)	threat	[θret]
een aanslag plegen	to make an attempt	[tə meɪk ən ə'tempt]
aanslag (de)	attempt	[ə'tempt]

| stelen (een auto) | to steal (vt) | [tə stiːl] |
| kapen (een vliegtuig) | to hijack (vt) | [tə 'haɪdʒæk] |

wraak (de)	revenge	[rɪ'vendʒ]
wreken (ww)	to avenge (vt)	[tə ə'vendʒ]
martelen (gevangenen)	to torture (vt)	[tə 'tɔːtʃə(r)]

| foltering (de) | torture | ['tɔːtʃə(r)] |
| folteren (ww) | to torment (vt) | [tə tɔːˈment] |

piraat (de)	pirate	['paɪrət]
straatschender (de)	hooligan	['huːlɪgən]
gewapend (bn)	armed	[ɑːmd]
geweld (het)	violence	['vaɪələns]
onwettig (strafbaar)	illegal	[ɪˈliːgəl]

| spionage (de) | spying | ['spaɪɪŋ] |
| spioneren (ww) | to spy (vi) | [tə spaɪ] |

162. Politie. Wet. Deel 1

| gerecht (het) | justice | ['dʒʌstɪs] |
| gerechtshof (het) | court | [kɔːt] |

rechter (de)	judge	[dʒʌdʒ]
jury (de)	jurors	['dʒʊərəz]
juryrechtspraak (de)	jury trial	['dʒʊərɪ 'traɪəl]
berechten (ww)	to judge (vt)	[tə dʒʌdʒ]

advocaat (de)	lawyer, barrister	['lɔːjə(r)], ['bærɪstə(r)]
beklaagde (de)	accused	[əˈkjuːzd]
beklaagdenbank (de)	dock	[dɒk]

| beschuldiging (de) | charge | [tʃɑːdʒ] |
| beschuldigde (de) | accused | [əˈkjuːzd] |

vonnis (het)	sentence	['sentəns]
veroordelen	to sentence (vt)	[tə 'sentəns]
(in een rechtszaak)		

| straffen (ww) | to punish (vt) | [tə 'pʌnɪʃ] |
| bestraffing (de) | punishment | ['pʌnɪʃmənt] |

boete (de)	fine	[faɪn]
levenslange opsluiting (de)	life imprisonment	[laɪf ɪmˈprɪzənmənt]
doodstraf (de)	death penalty	['deθ ˌpenəltɪ]
elektrische stoel (de)	electric chair	[ɪˈlektrɪk 'tʃeə(r)]
schavot (het)	gallows	['gæləʊz]

| executeren (ww) | to execute (vt) | [tə 'eksɪkjuːt] |
| executie (de) | execution | [ˌeksɪˈkjuːʃən] |

| gevangenis (de) | prison, jail | ['prɪzən], [dʒeɪl] |
| cel (de) | cell | [sel] |

konvooi (het)	escort	['eskɔːt]
gevangenisbewaker (de)	prison officer	['prɪzən 'ɒfɪsə(r)]
gedetineerde (de)	prisoner	['prɪzənə(r)]

| handboeien (mv.) | handcuffs | ['hændkʌfs] |
| handboeien omdoen | to handcuff (vt) | [tə 'hændkʌf] |

ontsnapping (de)	prison break	['prɪzən breɪk]
ontsnappen (ww)	to break out (vi)	[tə breɪk 'aʊt]
verdwijnen (ww)	to disappear (vi)	[tə ˌdɪsə'pɪə(r)]
vrijlaten (uit de gevangenis)	to release (vt)	[tə rɪ'liːs]
amnestie (de)	amnesty	['æmnəstɪ]

politie (de)	police	[pə'liːs]
politieagent (de)	police officer	[pə'liːs 'ɒfɪsə(r)]
politiebureau (het)	police station	[pə'liːs 'steɪʃən]
knuppel (de)	truncheon	['trʌntʃən]
megafoon (de)	loudspeaker	[ˌlaʊd'spiːkə(r)]

patrouilleerwagen (de)	patrol car	[pə'trəʊl kɑː(r)]
sirene (de)	siren	['saɪərən]
de sirene aansteken	to turn on the siren	[tə tɜːn ˌɒn ðə 'saɪərən]
geloei (het) van de sirene	siren call	['saɪərən kɔːl]

plaats delict (de)	crime scene	[kraɪm siːn]
getuige (de)	witness	['wɪtnɪs]
vrijheid (de)	freedom	['friːdəm]
handlanger (de)	accomplice	[ə'kʌmplɪs]
spoor (het)	trace	[treɪs]

163. Politie. Wet. Deel 2

opsporing (de)	search	[sɜːtʃ]
opsporen (ww)	to look for ...	[tə lʊk fɔː(r)]
verdenking (de)	suspicion	[sə'spɪʃən]
verdacht (bn)	suspicious	[sə'spɪʃəs]
aanhouden (stoppen)	to stop (vt)	[tə stɒp]
tegenhouden (ww)	to detain (vt)	[tə dɪ'teɪn]

strafzaak (de)	case	[keɪs]
onderzoek (het)	investigation	[ɪnˌvestɪ'geɪʃən]
detective (de)	detective	[dɪ'tektɪv]
onderzoeksrechter (de)	investigator	[ɪn'vestɪˌgeɪtə(r)]
versie (de)	hypothesis	[haɪ'pɒθɪsɪs]

motief (het)	motive	['məʊtɪv]
verhoor (het)	interrogation	[ɪnˌterə'geɪʃən]
ondervragen (door de politie)	to interrogate (vt)	[tə ɪn'terəgeɪt]
ondervragen (omstanders ~)	to question (vt)	[tə 'kwestʃən]
controle (de)	check	[tʃek]

razzia (de)	round-up	[raʊndʌp]
huiszoeking (de)	search	[sɜːtʃ]
achtervolging (de)	chase	[tʃeɪs]
achtervolgen (ww)	to pursue, to chase	[tə pə'sjuː], [tə tʃeɪs]
opsporen (ww)	to track (vt)	[tə træk]

arrest (het)	arrest	[ə'rest]
arresteren (ww)	to arrest (vt)	[tə ə'rest]
vangen, aanhouden (een dief, enz.)	to catch (vt)	[tə kætʃ]

aanhouding (de)	capture	['kæptʃə(r)]
document (het)	document	['dɒkjʊmənt]
bewijs (het)	proof	[pru:f]
bewijzen (ww)	to prove (vt)	[tə pru:v]
voetspoor (het)	footprint	['fʊtprɪnt]
vingerafdrukken (mv.)	fingerprints	['fɪŋgəprɪnts]
bewijs (het)	piece of evidence	[pi:s ɒf 'evɪdəns]

alibi (het)	alibi	['ælɪbaɪ]
onschuldig (bn)	innocent	['ɪnəsənt]
onrecht (het)	injustice	[ɪn'dʒʌstɪs]
onrechtvaardig (bn)	unjust, unfair	[ˌʌn'dʒʌst], [ˌʌn'feə(r)]

crimineel (bn)	criminal	['krɪmɪnəl]
confisqueren (in beslag nemen)	to confiscate (vt)	[tə 'kɒnfɪskeɪt]
drug (de)	drug	[drʌg]
wapen (het)	weapon, gun	['wepən], [gʌn]
ontwapenen (ww)	to disarm (vt)	[tə dɪs'ɑ:m]
bevelen (ww)	to order (vt)	[tə 'ɔ:də(r)]
verdwijnen (ww)	to disappear (vi)	[tə ˌdɪsə'pɪə(r)]

wet (de)	law	[lɔ:]
wettelijk (bn)	legal, lawful	['li:gəl], ['lɔ:fʊl]
onwettelijk (bn)	illegal, illicit	[ɪ'li:gəl], [ɪ'lɪsɪt]

verantwoordelijkheid (de)	responsibility	[rɪˌspɒnsə'bɪlɪtɪ]
verantwoordelijk (bn)	responsible	[rɪ'spɒnsəbəl]

NATUUR

De Aarde. Deel 1

164. De kosmische ruimte

kosmos (de)	cosmos	['kɒzmɒs]
kosmisch (bn)	space	[speɪs]
kosmische ruimte (de)	outer space	['aʊtə speɪs]
sterrenstelsel (het)	galaxy	['gæləksɪ]
ster (de)	star	[stɑː(r)]
sterrenbeeld (het)	constellation	[ˌkɒnstə'leɪʃən]
planeet (de)	planet	['plænɪt]
satelliet (de)	satellite	['sætəlaɪt]
meteoriet (de)	meteorite	['miːtjəraɪt]
komeet (de)	comet	['kɒmɪt]
asteroïde (de)	asteroid	['æstərɔɪd]
baan (de)	orbit	['ɔːbɪt]
draaien (om de zon, enz.)	to rotate (vi)	[tə rəʊ'teɪt]
atmosfeer (de)	atmosphere	['ætməˌsfɪə(r)]
Zon (de)	the Sun	[sʌn]
zonnestelsel (het)	solar system	['səʊlə 'sɪstəm]
zonsverduistering (de)	solar eclipse	['səʊlə ɪ'klɪps]
Aarde (de)	the Earth	[ðɪ 3ːθ]
Maan (de)	the Moon	[ðə muːn]
Mars (de)	Mars	[mɑːz]
Venus (de)	Venus	['viːnəs]
Jupiter (de)	Jupiter	['dʒuːpɪtə(r)]
Saturnus (de)	Saturn	['sætən]
Mercurius (de)	Mercury	['mɜːkjʊrɪ]
Uranus (de)	Uranus	['jʊərənəs]
Neptunus (de)	Neptune	['neptjuːn]
Pluto (de)	Pluto	['pluːtəʊ]
Melkweg (de)	Milky Way	['mɪlkɪ weɪ]
Grote Beer (de)	Great Bear	[greɪt 'beə(r)]
Poolster (de)	North Star	[nɔːθ stɑː(r)]
marsmannetje (het)	Martian	['mɑːʃən]
buitenaards wezen (het)	extraterrestrial	[ˌekstrətə'restrɪəl]
bovenaards (het)	alien	['eɪljən]

| vliegende schotel (de) | flying saucer | ['flaɪɪŋ 'sɔːsə(r)] |
| ruimtevaartuig (het) | spaceship | ['speɪsʃɪp] |

| ruimtestation (het) | space station | [speɪs 'steɪʃən] |
| start (de) | blast-off | [blɑːst ɒf] |

motor (de)	engine	['endʒɪn]
straalpijp (de)	nozzle	['nɒzəl]
brandstof (de)	fuel	[fjʊəl]

cabine (de)	cockpit	['kɒkpɪt]
antenne (de)	aerial	['eərɪəl]
patrijspoort (de)	porthole	['pɔːthəʊl]
zonnebatterij (de)	solar battery	['səʊlə 'bætərɪ]
ruimtepak (het)	spacesuit	['speɪssuːt]

| gewichtloosheid (de) | weightlessness | ['weɪtlɪsnɪs] |
| zuurstof (de) | oxygen | ['ɒksɪdʒən] |

| koppeling (de) | docking | ['dɒkɪŋ] |
| koppeling maken | to dock (vi, vt) | [tə dɒk] |

| observatorium (het) | observatory | [əb'zɜːvətrɪ] |
| telescoop (de) | telescope | ['telɪskəʊp] |

| waarnemen (ww) | to observe (vt) | [tə əb'zɜːv] |
| exploreren (ww) | to explore (vt) | [tə ɪk'splɔː(r)] |

165. De Aarde

Aarde (de)	the Earth	[ðɪ ɜːθ]
aardbol (de)	globe	[gləʊb]
planeet (de)	planet	['plænɪt]

atmosfeer (de)	atmosphere	['ætməˌsfɪə(r)]
aardrijkskunde (de)	geography	[dʒɪ'ɒgrəfɪ]
natuur (de)	nature	['neɪtʃə(r)]

wereldbol (de)	globe	[gləʊb]
kaart (de)	map	[mæp]
atlas (de)	atlas	['ætləs]

| Europa (het) | Europe | ['jʊərəp] |
| Azië (het) | Asia | ['eɪʒə] |

| Afrika (het) | Africa | ['æfrɪkə] |
| Australië (het) | Australia | [ɒ'streɪljə] |

Amerika (het)	America	[ə'merɪkə]
Noord-Amerika (het)	North America	[nɔːθ ə'merɪkə]
Zuid-Amerika (het)	South America	[saʊθ ə'merɪkə]

| Antarctica (het) | Antarctica | [ænt'ɑːktɪkə] |
| Arctis (de) | the Arctic | [ðə 'ɑːktɪk] |

166. Windrichtingen

noorden (het)	north	[nɔːθ]
naar het noorden	to the north	[tə ðə nɔːθ]
in het noorden	in the north	[ɪn ðə nɔːθ]
noordelijk (bn)	northern	['nɔːðən]
zuiden (het)	south	[saʊθ]
naar het zuiden	to the south	[tə ðə saʊθ]
in het zuiden	in the south	[ɪn ðə saʊθ]
zuidelijk (bn)	southern	['sʌðən]
westen (het)	west	[west]
naar het westen	to the west	[tə ðə west]
in het westen	in the west	[ɪn ðə west]
westelijk (bn)	western	['westən]
oosten (het)	east	[iːst]
naar het oosten	to the east	[tə ðɪ iːst]
in het oosten	in the east	[ɪn ðɪ iːst]
oostelijk (bn)	eastern	['iːstən]

167. Zee. Oceaan

zee (de)	sea	[siː]
oceaan (de)	ocean	['əʊʃən]
golf (baai)	gulf	[gʌlf]
straat (de)	straits	[streɪts]
grond (vaste grond)	solid ground	['sɒlɪd graʊnd]
continent (het)	continent	['kɒntɪnənt]
eiland (het)	island	['aɪlənd]
schiereiland (het)	peninsula	[pə'nɪnsjʊlə]
archipel (de)	archipelago	[ˌɑːkɪ'pelɪgəʊ]
baai, bocht (de)	bay	[beɪ]
haven (de)	harbour	['hɑːbə(r)]
lagune (de)	lagoon	[lə'guːn]
kaap (de)	cape	[keɪp]
atol (de)	atoll	['ætɒl]
rif (het)	reef	[riːf]
koraal (het)	coral	['kɒrəl]
koraalrif (het)	coral reef	['kɒrəl riːf]
diep (bn)	deep	[diːp]
diepte (de)	depth	[depθ]
diepzee (de)	abyss	[ə'bɪs]
trog (bijv. Marianentrog)	trench	[trentʃ]
stroming (de)	current	['kʌrənt]
omspoelen (ww)	to surround (vt)	[tə sə'raʊnd]
oever (de)	shore	[ʃɔː(r)]

kust (de)	coast	[kəʊst]
vloed (de)	high tide	[haɪ taɪd]
eb (de)	low tide	[ləʊ taɪd]
ondiepte (ondiep water)	sandbank	['sændbæŋk]
bodem (de)	bottom	['bɒtəm]

golf (hoge ~)	wave	[weɪv]
golfkam (de)	crest	[krest]
schuim (het)	froth	[frɒθ]

storm (de)	storm	[stɔ:m]
orkaan (de)	hurricane	['hʌrɪkən]
tsunami (de)	tsunami	[tsu:'nɑ:mɪ]
windstilte (de)	calm	[kɑ:m]
kalm (bijv. ~e zee)	quiet, calm	['kwaɪət], [kɑ:m]

| pool (de) | pole | [pəʊl] |
| polair (bn) | polar | ['pəʊlə(r)] |

breedtegraad (de)	latitude	['lætɪtju:d]
lengtegraad (de)	longitude	['lɒndʒɪtju:d]
parallel (de)	parallel	['pærəlel]
evenaar (de)	equator	[ɪ'kweɪtə(r)]

hemel (de)	sky	[skaɪ]
horizon (de)	horizon	[hə'raɪzən]
lucht (de)	air	[eə]

vuurtoren (de)	lighthouse	['laɪthaʊs]
duiken (ww)	to dive (vi)	[tə daɪv]
zinken (ov. een boot)	to sink (vi)	[tə sɪŋk]
schatten (mv.)	treasures	['treʒəz]

168. Bergen

berg (de)	mountain	['maʊntɪn]
bergketen (de)	mountain range	['maʊntɪn reɪndʒ]
gebergte (het)	mountain ridge	['maʊntɪn rɪdʒ]

bergtop (de)	summit, top	['sʌmɪt], [top]
bergpiek (de)	peak	[pi:k]
voet (ov. de berg)	foot	[fʊt]
helling (de)	slope	[sləʊp]

vulkaan (de)	volcano	[vɒl'kenəʊ]
actieve vulkaan (de)	active volcano	['æktɪv vɒl'kenəʊ]
uitgedoofde vulkaan (de)	dormant volcano	['dɔ:mənt vɒl'kenəʊ]

uitbarsting (de)	eruption	[ɪ'rʌpʃən]
krater (de)	crater	['kreɪtə(r)]
magma (het)	magma	['mægmə]
lava (de)	lava	['lɑ:və]
gloeiend (~e lava)	molten	['məʊltən]
kloof (canyon)	canyon	['kænjən]

bergkloof (de)	gorge	[gɔ:dʒ]
spleet (de)	crevice	['krevɪs]
afgrond (de)	abyss	[ə'bɪs]

bergpas (de)	pass, col	[pɑ:s], [kɒl]
plateau (het)	plateau	['plætəʊ]
klip (de)	cliff	[klɪf]
heuvel (de)	hill	[hɪl]

gletsjer (de)	glacier	['glæsjə(r)]
waterval (de)	waterfall	['wɔ:təfɔ:l]
geiser (de)	geyser	['gi:zə(r)]
meer (het)	lake	[leɪk]

vlakte (de)	plain	[pleɪn]
landschap (het)	landscape	['lændskeɪp]
echo (de)	echo	['ekəʊ]

alpinist (de)	alpinist	['ælpɪnɪst]
bergbeklimmer (de)	rock climber	[rɒk 'klaɪmə(r)]
trotseren (berg ~)	conquer (vt)	['kɒŋkə(r)]
beklimming (de)	climb	[klaɪm]

169. Rivieren

rivier (de)	river	['rɪvə(r)]
bron (~ van een rivier)	spring	[sprɪŋ]
rivierbedding (de)	riverbed	['rɪvəbed]
rivierbekken (het)	basin	['beɪsən]
uitmonden in ...	to flow into ...	[tə fləʊ 'ɪntʊ]

zijrivier (de)	tributary	['trɪbjʊtrɪ]
oever (de)	bank	[bæŋk]

stroming (de)	current, stream	['kʌrənt], [stri:m]
stroomafwaarts (bw)	downstream	['daʊnˌstri:m]
stroomopwaarts (bw)	upstream	[ˌʌp'stri:m]

overstroming (de)	inundation	[ˌɪnʌn'deɪʃən]
overstroming (de)	flooding	['flʌdɪŋ]
buiten zijn oevers treden	to overflow (vi)	[tə ˌəʊvə'fləʊ]
overstromen (ww)	to flood (vt)	[tə flʌd]

zandbank (de)	shallows	['ʃæləʊz]
stroomversnelling (de)	rapids	['ræpɪdz]

dam (de)	dam	[dæm]
kanaal (het)	canal	[kə'næl]
spaarbekken (het)	artificial lake	[ˌɑ:tɪ'fɪʃəl leɪk]
sluis (de)	sluice, lock	[slu:s], [lɒk]

waterlichaam (het)	water body	['wɔ:tə 'bɒdɪ]
moeras (het)	swamp, bog	[swɒmp], [bɒg]
broek (het)	marsh	[mɑ:ʃ]

draaikolk (de)	whirlpool	['wɜːlpuːl]
stroom (de)	stream	[striːm]
drink- (abn)	drinking	['drɪŋkɪŋ]
zoet (~ water)	fresh	[freʃ]

IJs (het)	ice	[aɪs]
bevriezen (rivier, enz.)	to freeze over	[tə friːz 'əʊvə(r)]

170. Bos

bos (het)	forest	['fɒrɪst]
bos- (abn)	forest	['fɒrɪst]

oerwoud (dicht bos)	thick forest	[θɪk 'fɒrɪst]
bosje (klein bos)	grove	[grəʊv]
open plek (de)	clearing	['klɪərɪŋ]

struikgewas (het)	thicket	['θɪkɪt]
struiken (mv.)	scrubland	['skrʌblænd]

paadje (het)	footpath	['fʊtpɑːθ]
ravijn (het)	gully	['gʌlɪ]

boom (de)	tree	[triː]
blad (het)	leaf	[liːf]
gebladerte (het)	leaves	[liːvz]

vallende bladeren (mv.)	fall of leaves	[fɔːl əv liːvz]
vallen (ov. de bladeren)	to fall (vi)	[tə fɔːl]
boomtop (de)	top	[tɒp]

tak (de)	branch	[brɑːntʃ]
ent (de)	bough	[baʊ]
knop (de)	bud	[bʌd]
naald (de)	needle	['niːdəl]
dennenappel (de)	fir cone	[fɜː kəʊn]

boom holte (de)	hollow	['hɒləʊ]
nest (het)	nest	[nest]
hol (het)	burrow, animal hole	['bʌrəʊ], ['ænɪməl həʊl]

stam (de)	trunk	[trʌŋk]
wortel (bijv. boom~s)	root	[ruːt]
schors (de)	bark	[bɑːk]
mos (het)	moss	[mɒs]

ontwortelen (een boom)	to uproot (vt)	[tə ˌʌp'ruːt]
kappen (een boom ~)	to chop down	[tə tʃɒp daʊn]
ontbossen (ww)	to deforest (vt)	[tə diːˈfɒrɪst]
stronk (de)	tree stump	[triː stʌmp]

kampvuur (het)	campfire	['kæmpˌfaɪə(r)]
bosbrand (de)	forest fire	['fɒrɪst 'faɪə(r)]
blussen (ww)	to extinguish (vt)	[tə ɪk'stɪŋgwɪʃ]

boswachter (de)	forest ranger	['fɒrɪst 'reɪndʒə]
bescherming (de)	protection	[prə'tekʃən]
beschermen	to protect (vt)	[tə prə'tekt]
(bijv. de natuur ~)		
stroper (de)	poacher	['pəutʃə(r)]
val (de)	trap	[træp]

| plukken (vruchten, enz.) | to gather, to pick (vt) | [tə 'gæðə(r)], [tə pɪk] |
| verdwalen (de weg kwijt zijn) | to lose one's way | [tə lu:z wʌnz weɪ] |

171. Natuurlijke hulpbronnen

natuurlijke rijkdommen (mv.)	natural resources	['nætʃərəl rɪ'sɔ:sɪz]
delfstoffen (mv.)	minerals	['mɪnərəlz]
lagen (mv.)	deposits	[dɪ'pɒzɪts]
veld (bijv. olie~)	field	[fi:ld]

winnen (uit erts ~)	to mine (vt)	[tə maɪn]
winning (de)	mining	['maɪnɪŋ]
erts (het)	ore	[ɔ:(r)]
mijn (bijv. kolenmijn)	mine	[maɪn]
mijnschacht (de)	mine shaft, pit	[maɪn ʃɑ:ft], [pɪt]
mijnwerker (de)	miner	['maɪnə(r)]

gas (het)	gas	[gæs]
gasleiding (de)	gas pipeline	[gæs 'paɪplaɪn]
olie (aardolie)	oil, petroleum	[ɔɪl], [pɪ'trəulɪəm]
olieleiding (de)	oil pipeline	[ɔɪl 'paɪplaɪn]
oliebron (de)	oil well	[ɔɪl wel]
boortoren (de)	derrick	['derɪk]
tanker (de)	tanker	['tæŋkə(r)]

zand (het)	sand	[sænd]
kalksteen (de)	limestone	['laɪmstəun]
grind (het)	gravel	['grævəl]
veen (het)	peat	[pi:t]
klei (de)	clay	[kleɪ]
steenkool (de)	coal	[kəul]

IJzer (het)	iron	['aɪən]
goud (het)	gold	[gəuld]
zilver (het)	silver	['sɪlvə(r)]
nikkel (het)	nickel	['nɪkəl]
koper (het)	copper	['kɒpə(r)]

zink (het)	zinc	[zɪŋk]
mangaan (het)	manganese	['mæŋgəni:z]
kwik (het)	mercury	['mɜ:kjʊrɪ]
lood (het)	lead	[led]

mineraal (het)	mineral	['mɪnərəl]
kristal (het)	crystal	['krɪstəl]
marmer (het)	marble	['mɑ:bəl]
uraan (het)	uranium	[jʊ'reɪnjəm]

De Aarde. Deel 2

172. Weer

weer (het)	weather	['weðə(r)]
weersvoorspelling (de)	weather forecast	['weðə 'fɔːkɑːst]
temperatuur (de)	temperature	['temprətʃə(r)]
thermometer (de)	thermometer	[θə'mɒmɪtə(r)]
barometer (de)	barometer	[bə'rɒmɪtə(r)]
vochtig (bn)	humid	['hjuːmɪd]
vochtigheid (de)	humidity	[hjuː'mɪdətɪ]
hitte (de)	heat	[hiːt]
heet (bn)	hot	[hɒt]
het is heet	it's hot	[ɪts hɒt]
het is warm	it's warm	[ɪts wɔːm]
warm (bn)	warm	[wɔːm]
het is koud	it's cold	[ɪts kəʊld]
koud (bn)	cold	[kəʊld]
zon (de)	sun	[sʌn]
schijnen (de zon)	to shine (vi)	[tə ʃaɪn]
zonnig (~e dag)	sunny	['sʌnɪ]
opgaan (ov. de zon)	to come up (vi)	[tə kʌm ʌp]
ondergaan (ww)	to set (vi)	[tə set]
wolk (de)	cloud	[klaʊd]
bewolkt (bn)	cloudy	['klaʊdɪ]
regenwolk (de)	rain cloud	[reɪn klaʊd]
somber (bn)	sombre	['sɒmbə(r)]
regen (de)	rain	[reɪn]
het regent	it's raining	[ˌɪt ɪz 'reɪnɪŋ]
regenachtig (bn)	rainy	['reɪnɪ]
motregenen (ww)	to drizzle (vi)	[tə 'drɪzəl]
plensbui (de)	pouring rain	['pɔːrɪŋ reɪn]
stortbui (de)	downpour	['daʊnpɔː(r)]
hard (bn)	heavy	['hevɪ]
plas (de)	puddle	['pʌdəl]
nat worden (ww)	to get wet	[tə get wet]
mist (de)	fog, mist	[fɒg], [mɪst]
mistig (bn)	foggy	['fɒgɪ]
sneeuw (de)	snow	[snəʊ]
het sneeuwt	it's snowing	[ɪts snəʊɪŋ]

173. Zwaar weer. Natuurrampen

noodweer (storm)	thunderstorm	['θʌndəstɔːm]
bliksem (de)	lightning	['laɪtnɪŋ]
flitsen (ww)	to flash (vi)	[tə flæʃ]
donder (de)	thunder	['θʌndə(r)]
donderen (ww)	to thunder (vi)	[tə 'θʌndə(r)]
het dondert	it's thundering	[ɪts 'θʌndərɪŋ]
hagel (de)	hail	[heɪl]
het hagelt	it's hailing	[ɪts heɪlɪŋ]
overstromen (ww)	to flood (vt)	[tə flʌd]
overstroming (de)	flood	[flʌd]
aardbeving (de)	earthquake	['ɜːθkweɪk]
aardschok (de)	tremor, quake	['tremə(r)], [kweɪk]
epicentrum (het)	epicentre	['epɪsentə(r)]
uitbarsting (de)	eruption	[ɪ'rʌpʃən]
lava (de)	lava	['lɑːvə]
wervelwind (de)	twister	['twɪstə(r)]
tyfoon (de)	typhoon	[taɪ'fuːn]
orkaan (de)	hurricane	['hʌrɪkən]
storm (de)	storm	[stɔːm]
tsunami (de)	tsunami	[tsuː'nɑːmɪ]
cycloon (de)	cyclone	['saɪkləʊn]
onweer (het)	bad weather	[bæd 'weðə(r)]
brand (de)	fire	['faɪə(r)]
ramp (de)	disaster	[dɪ'zɑːstə(r)]
meteoriet (de)	meteorite	['miːtjəraɪt]
lawine (de)	avalanche	['ævəlɑːnʃ]
sneeuwverschuiving (de)	snowslide	['snəʊslaɪd]
sneeuwjacht (de)	blizzard	['blɪzəd]
sneeuwstorm (de)	snowstorm	['snəʊstɔːm]

Fauna

174. Zoogdieren. Roofdieren

roofdier (het)	predator	['predətə(r)]
tijger (de)	tiger	['taɪgə(r)]
leeuw (de)	lion	['laɪən]
wolf (de)	wolf	[wʊlf]
vos (de)	fox	[fɒks]
jaguar (de)	jaguar	['dʒægjʊə(r)]
luipaard (de)	leopard	['lepəd]
jachtluipaard (de)	cheetah	['tʃiːtə]
panter (de)	black panther	[blæk 'pænθə(r)]
poema (de)	puma	['pjuːmə]
sneeuwluipaard (de)	snow leopard	[snəʊ 'lepəd]
lynx (de)	lynx	[lɪnks]
coyote (de)	coyote	[kɔɪ'əʊtɪ]
jakhals (de)	jackal	['dʒækəl]
hyena (de)	hyena	[haɪ'iːnə]

175. Wilde dieren

dier (het)	animal	['ænɪməl]
beest (het)	beast	[biːst]
eekhoorn (de)	squirrel	['skwɪrəl]
egel (de)	hedgehog	['hedʒhɒg]
haas (de)	hare	[heə(r)]
konijn (het)	rabbit	['ræbɪt]
das (de)	badger	['bædʒə(r)]
wasbeer (de)	raccoon	[rə'kuːn]
hamster (de)	hamster	['hæmstə(r)]
marmot (de)	marmot	['mɑːmət]
mol (de)	mole	[məʊl]
muis (de)	mouse	[maʊs]
rat (de)	rat	[ræt]
vleermuis (de)	bat	[bæt]
hermelijn (de)	ermine	['ɜːmɪn]
sabeldier (het)	sable	['seɪbəl]
marter (de)	marten	['mɑːtɪn]
wezel (de)	weasel	['wiːzəl]
nerts (de)	mink	[mɪŋk]

| bever (de) | beaver | ['biːvə(r)] |
| otter (de) | otter | ['ɒtə(r)] |

paard (het)	horse	[hɔːs]
eland (de)	moose	[muːs]
hert (het)	deer	[dɪə(r)]
kameel (de)	camel	['kæməl]

bizon (de)	bison	['baɪsən]
oeros (de)	aurochs	['ɔːrɒks]
buffel (de)	buffalo	['bʌfələʊ]

zebra (de)	zebra	['zebrə]
antilope (de)	antelope	['æntɪləʊp]
ree (de)	roe deer	[rəʊ dɪə(r)]
damhert (het)	fallow deer	['fæləʊ dɪə(r)]
gems (de)	chamois	['ʃæmwɑː]
everzwijn (het)	wild boar	[ˌwaɪld 'bɔː(r)]

walvis (de)	whale	[weɪl]
rob (de)	seal	[siːl]
walrus (de)	walrus	['wɔːlrəs]
zeehond (de)	fur seal	['fɜːˌsiːl]
dolfijn (de)	dolphin	['dɒlfɪn]

beer (de)	bear	[beə]
IJsbeer (de)	polar bear	['pəʊlə ˌbeə(r)]
panda (de)	panda	['pændə]

aap (de)	monkey	['mʌŋkɪ]
chimpansee (de)	chimpanzee	[ˌtʃɪmpæn'ziː]
orang-oetan (de)	orangutan	[ɒˌræŋuː'tæn]
gorilla (de)	gorilla	[gə'rɪlə]
makaak (de)	macaque	[mə'kɑːk]
gibbon (de)	gibbon	['gɪbən]

olifant (de)	elephant	['elɪfənt]
neushoorn (de)	rhinoceros	[raɪ'nɒsərəs]
giraffe (de)	giraffe	[dʒɪ'rɑːf]
nijlpaard (het)	hippopotamus	[ˌhɪpə'pɒtəməs]

| kangoeroe (de) | kangaroo | [ˌkæŋgə'ruː] |
| koala (de) | koala | [kəʊ'ɑːlə] |

mangoest (de)	mongoose	['mɒŋguːs]
chinchilla (de)	chinchilla	[ˌtʃɪn'tʃɪlə]
stinkdier (het)	skunk	[skʌŋk]
stekelvarken (het)	porcupine	['pɔːkjʊpaɪn]

176. Huisdieren

poes (de)	cat	[kæt]
kater (de)	tomcat	['tɒmkæt]
hond (de)	dog	[dɒg]

paard (het)	horse	[hɔːs]
hengst (de)	stallion	['stælɪən]
merrie (de)	mare	[meə(r)]
koe (de)	cow	[kaʊ]
stier (de)	bull	[bʊl]
os (de)	ox	[ɒks]
schaap (het)	sheep	[ʃiːp]
ram (de)	ram	[ræm]
geit (de)	goat	[gəʊt]
bok (de)	he-goat	['hiː-gəʊt]
ezel (de)	donkey	['dɒŋkɪ]
muilezel (de)	mule	[mjuːl]
varken (het)	pig	[pɪg]
biggetje (het)	piglet	['pɪglɪt]
konijn (het)	rabbit	['ræbɪt]
kip (de)	hen	[hen]
haan (de)	cock	[kɒk]
eend (de)	duck	[dʌk]
woerd (de)	drake	[dreɪk]
gans (de)	goose	[guːs]
kalkoen haan (de)	stag turkey	[stæg 'tɜːkɪ]
kalkoen (de)	turkey	['tɜːkɪ]
huisdieren (mv.)	domestic animals	[də'mestɪk 'ænɪməlz]
tam (bijv. hamster)	tame	[teɪm]
temmen (tam maken)	to tame (vt)	[tə teɪm]
fokken (bijv. paarden ~)	to breed (vt)	[tə briːd]
boerderij (de)	farm	[fɑːm]
gevogelte (het)	poultry	['pəʊltrɪ]
rundvee (het)	cattle	['kætəl]
kudde (de)	herd	[hɜːd]
paardenstal (de)	stable	['steɪbəl]
zwijnenstal (de)	pigsty	['pɪgstaɪ]
koeienstal (de)	cowshed	['kaʊʃed]
konijnenhok (het)	rabbit hutch	['ræbɪt ˌhʌtʃ]
kippenhok (het)	hen house	['henˌhaʊs]

177. Honden. Hondenrassen

hond (de)	dog	[dɒg]
herdershond (de)	sheepdog	['ʃiːpdɒg]
Duitse herdershond (de)	German shepherd dog	['dʒɜːmən 'ʃepəd dɒg]
poedel (de)	poodle	['puːdel]
teckel (de)	dachshund	['dækshʊnd]
buldog (de)	bulldog	['bʊldɒg]

boxer (de)	boxer	['bɒksə(r)]
mastiff (de)	mastiff	['mæstɪf]
rottweiler (de)	rottweiler	['rɒtˌvaɪlə(r)]
doberman (de)	Doberman	['dəʊbəmən]

basset (de)	basset	['bæsɪt]
bobtail (de)	bobtail	['bɒbteɪl]
dalmatièr (de)	Dalmatian	[dæl'meɪʃən]
cockerspaniël (de)	cocker spaniel	['kɒkə 'spænjəl]

newfoundlander (de)	Newfoundland	['nju:fəndlənd]
sint-bernard (de)	Saint Bernard	[seɪnt 'bɜ:nəd]

poolhond (de)	husky	['hʌskɪ]
chowchow (de)	Chow Chow	[tʃaʊ-tʃaʊ]
spits (de)	spitz	[spɪts]
mopshond (de)	pug	[pʌg]

178. Dierengeluiden

geblaf (het)	barking	['bɑ:kɪŋ]
blaffen (ww)	to bark (vi)	[tə bɑ:k]
miauwen (ww)	to miaow (vi)	[tə mi:'aʊ]
spinnen (katten)	to purr (vi)	[tə pɜ:(r)]

loeien (ov. een koe)	to moo (vi)	[tə mu:]
brullen (stier)	to bellow (vi)	[tə 'beləʊ]
grommen (ov. de honden)	to growl (vi)	[tə graʊl]

gehuil (het)	howl	[haʊl]
huilen (wolf, enz.)	to howl (vi)	[tə haʊl]
janken (ov. een hond)	to whine (vi)	[tə waɪn]

mekkeren (schapen)	to bleat (vi)	[tə bli:t]
knorren (varkens)	to grunt (vi)	[tə grʌnt]
gillen (bijv. varken)	to squeal (vi)	[tə skwi:l]

kwaken (kikvorsen)	to croak (vi)	[tə krəʊk]
zoemen (hommel, enz.)	to buzz (vi)	[tə bʌz]
tjirpen (sprinkhanen)	to chirp (vi)	[tə tʃɜ:p]

179. Vogels

vogel (de)	bird	[bɜ:d]
duif (de)	pigeon	['pɪdʒɪn]
mus (de)	sparrow	['spærəʊ]
koolmees (de)	tit	[tɪt]
ekster (de)	magpie	['mægpaɪ]

raaf (de)	raven	['reɪvən]
kraai (de)	crow	[krəʊ]
kauw (de)	jackdaw	['dʒækdɔ:]

roek (de)	rook	[rʊk]
eend (de)	duck	[dʌk]
gans (de)	goose	[gu:s]
fazant (de)	pheasant	['fezənt]

arend (de)	eagle	['i:gəl]
havik (de)	hawk	[hɔ:k]
valk (de)	falcon	['fɔ:lkən]

| gier (de) | vulture | ['vʌltʃə] |
| condor (de) | condor | ['kɒndɔ:(r)] |

zwaan (de)	swan	[swɒn]
kraanvogel (de)	crane	[kreɪn]
ooievaar (de)	stork	[stɔ:k]

papegaai (de)	parrot	['pærət]
kolibrie (de)	hummingbird	['hʌmɪŋ,bɜ:d]
pauw (de)	peacock	['pi:kɒk]

| struisvogel (de) | ostrich | ['ɒstrɪtʃ] |
| reiger (de) | heron | ['herən] |

| flamingo (de) | flamingo | [flə'mɪŋgəʊ] |
| pelikaan (de) | pelican | ['pelɪkən] |

| nachtegaal (de) | nightingale | ['naɪtɪŋgeɪl] |
| zwaluw (de) | swallow | ['swɒləʊ] |

lijster (de)	thrush	[θrʌʃ]
zanglijster (de)	song thrush	[sɒŋ θrʌʃ]
merel (de)	blackbird	['blæk,bɜ:d]

gierzwaluw (de)	swift	[swɪft]
leeuwerik (de)	lark	[lɑ:k]
kwartel (de)	quail	[kweɪl]

specht (de)	woodpecker	['wʊd,pekə(r)]
koekoek (de)	cuckoo	['kʊku:]
uil (de)	owl	[aʊl]
oehoe (de)	eagle owl	['i:gəl aʊl]
auerhoen (het)	wood grouse	[wʊd graʊs]

| korhoen (het) | black grouse | [blæk graʊs] |
| patrijs (de) | partridge | ['pɑ:trɪdʒ] |

spreeuw (de)	starling	['stɑ:lɪŋ]
kanarie (de)	canary	[kə'neərɪ]
hazelhoen (het)	hazel grouse	['heɪzəl graʊs]

| vink (de) | chaffinch | ['tʃæfɪntʃ] |
| goudvink (de) | bullfinch | ['bʊlfɪntʃ] |

meeuw (de)	seagull	['si:gʌl]
albatros (de)	albatross	['ælbətrɒs]
pinguïn (de)	penguin	['peŋgwɪn]

180. Vogels. Zingen en geluiden

fluiten, zingen (ww)	**to sing** (vi)	[tə sɪŋ]
schreeuwen (dieren, vogels)	**to call** (vi)	[tə kɔːl]
kraaien (ov. een haan)	**to crow** (vi)	[tə krəʊ]
kukeleku	**cock-a-doodle-doo**	[ˌkɒkəduːdəlˈduː]
klokken (hen)	**to cluck** (vi)	[tə klʌk]
krassen (kraai)	**to caw** (vi)	[tə kɔː]
kwaken (eend)	**to quack** (vi)	[tə kwæk]
piepen (kuiken)	**to cheep** (vi)	[tə tʃiːp]
tjilpen (bijv. een mus)	**to chirp, to twitter**	[tə tʃɜːp], [tə ˈtwɪtə(r)]

181. Vis. Zeedieren

brasem (de)	**bream**	[briːm]
karper (de)	**carp**	[kɑːp]
baars (de)	**perch**	[pɜːtʃ]
meerval (de)	**catfish**	[ˈkætfɪʃ]
snoek (de)	**pike**	[paɪk]
zalm (de)	**salmon**	[ˈsæmən]
steur (de)	**sturgeon**	[ˈstɜːdʒən]
haring (de)	**herring**	[ˈherɪŋ]
atlantische zalm (de)	**Atlantic salmon**	[ətˈlæntɪk ˈsæmən]
makreel (de)	**mackerel**	[ˈmækərəl]
platvis (de)	**flatfish**	[ˈflætfɪʃ]
snoekbaars (de)	**pike perch**	[paɪk pɜːtʃ]
kabeljauw (de)	**cod**	[kɒd]
tonijn (de)	**tuna**	[ˈtjuːnə]
forel (de)	**trout**	[traʊt]
paling (de)	**eel**	[iːl]
sidderrog (de)	**electric ray**	[ɪˈlektrɪk reɪ]
murene (de)	**moray eel**	[ˈmɒreɪ iːl]
piranha (de)	**piranha**	[pɪˈrɑːnə]
haai (de)	**shark**	[ʃɑːk]
dolfijn (de)	**dolphin**	[ˈdɒlfɪn]
walvis (de)	**whale**	[weɪl]
krab (de)	**crab**	[kræb]
kwal (de)	**jellyfish**	[ˈdʒelɪfɪʃ]
octopus (de)	**octopus**	[ˈɒktəpəs]
zeester (de)	**starfish**	[ˈstɑːfɪʃ]
zee-egel (de)	**sea urchin**	[siː ˈɜːtʃɪn]
zeepaardje (het)	**seahorse**	[ˈsiːhɔːs]
oester (de)	**oyster**	[ˈɔɪstə(r)]
garnaal (de)	**prawn**	[prɔːn]

| kreeft (de) | lobster | ['lɒbstə(r)] |
| langoest (de) | spiny lobster | ['spaɪnɪ 'lɒbstə(r)] |

182. Amfibieën. Reptielen

| slang (de) | snake | [sneɪk] |
| giftig (slang) | venomous | ['venəməs] |

adder (de)	viper	['vaɪpə(r)]
cobra (de)	cobra	['kəʊbrə]
python (de)	python	['paɪθən]
boa (de)	boa	['bəʊə]

ringslang (de)	grass snake	['grɑːsˌsneɪk]
ratelslang (de)	rattle snake	['rætəl sneɪk]
anaconda (de)	anaconda	[ænə'kɒndə]

hagedis (de)	lizard	['lɪzəd]
leguaan (de)	iguana	[ɪ'gwɑːnə]
varaan (de)	monitor lizard	['mɒnɪtə 'lɪzəd]
salamander (de)	salamander	['sæləˌmændə(r)]
kameleon (de)	chameleon	[kə'miːlɪən]
schorpioen (de)	scorpion	['skɔːpɪən]

schildpad (de)	turtle, tortoise	['tɜːtəl], ['tɔːtəs]
kikker (de)	frog	[frɒg]
pad (de)	toad	[təʊd]
krokodil (de)	crocodile	['krɒkədaɪl]

183. Insecten

insect (het)	insect	['ɪnsekt]
vlinder (de)	butterfly	['bʌtəflaɪ]
mier (de)	ant	[ænt]
vlieg (de)	fly	[flaɪ]
mug (de)	mosquito	[mə'skiːtəʊ]
kever (de)	beetle	['biːtəl]

wesp (de)	wasp	[wɒsp]
bij (de)	bee	[biː]
hommel (de)	bumblebee	['bʌmbəlbiː]
horzel (de)	gadfly	['gædflaɪ]

| spin (de) | spider | ['spaɪdə(r)] |
| spinnenweb (het) | spider's web | ['spaɪdəz web] |

libel (de)	dragonfly	['drægənflaɪ]
sprinkhaan (de)	grasshopper	['grɑːsˌhɒpə(r)]
nachtvlinder (de)	moth	[mɒθ]

| kakkerlak (de) | cockroach | ['kɒkrəʊtʃ] |
| mijt (de) | tick | [tɪk] |

| vlo (de) | flea | [fliː] |
| kriebelmug (de) | midge | [mɪdʒ] |

treksprinkhaan (de)	locust	['ləʊkəst]
slak (de)	snail	[sneɪl]
krekel (de)	cricket	['krɪkɪt]
glimworm (de)	firefly	['faɪəflaɪ]
lieveheersbeestje (het)	ladybird	['leɪdɪbɜːd]
meikever (de)	cockchafer	['kɒkˌtʃeɪfə(r)]

bloedzuiger (de)	leech	[liːtʃ]
rups (de)	caterpillar	['kætəpɪlə(r)]
aardworm (de)	earthworm	['ɜːθwɜːm]
larve (de)	larva	['lɑːvə]

184. Dieren. Lichaamsdelen

snavel (de)	beak	[biːk]
vleugels (mv.)	wings	[wɪŋz]
poot (ov. een vogel)	foot	[fʊt]
verenkleed (het)	feathering	['feðərɪŋ]
veer (de)	feather	['feðə(r)]
kuifje (het)	crest	[krest]

kieuwen (mv.)	gills	[dʒɪls]
kuit, dril (de)	spawn	[spɔːn]
larve (de)	larva	['lɑːvə]
vin (de)	fin	[fɪn]
schubben (mv.)	scales	[skeɪlz]

slagtand (de)	fang	[fæŋ]
poot (bijv. ~ van een kat)	paw	[pɔː]
muil (de)	muzzle	['mʌzəl]
bek (mond van dieren)	mouth	[maʊθ]
staart (de)	tail	[teɪl]
snorharen (mv.)	whiskers	['wɪskəz]

| hoef (de) | hoof | [huːf] |
| hoorn (de) | horn | [hɔːn] |

schild (schildpad, enz.)	carapace	['kærəpeɪs]
schelp (de)	shell	[ʃel]
eierschaal (de)	shell	[ʃel]

| vacht (de) | hair | [heə(r)] |
| huid (de) | pelt | [pelt] |

185. Dieren. Leefomgevingen

leefgebied (het)	habitat	['hæbɪtæt]
migratie (de)	migration	[maɪ'greɪʃən]
berg (de)	mountain	['maʊntɪn]

rif (het)	**reef**	[ri:f]
klip (de)	**cliff**	[klɪf]
bos (het)	**forest**	['fɒrɪst]
jungle (de)	**jungle**	['dʒʌŋgəl]
savanne (de)	**savanna**	[sə'vænə]
toendra (de)	**tundra**	['tʌndrə]
steppe (de)	**steppe**	[step]
woestijn (de)	**desert**	['dezət]
oase (de)	**oasis**	[əʊ'eɪsɪs]
zee (de)	**sea**	[si:]
meer (het)	**lake**	[leɪk]
oceaan (de)	**ocean**	['əʊʃən]
moeras (het)	**swamp**	[swɒmp]
zoetwater- (abn)	**freshwater**	['freʃˌwɔ:tə(r)]
vijver (de)	**pond**	[pɒnd]
rivier (de)	**river**	['rɪvə(r)]
berenhol (het)	**den**	[den]
nest (het)	**nest**	[nest]
boom holte (de)	**hollow**	['hɒləʊ]
hol (het)	**burrow**	['bʌrəʊ]
mierenhoop (de)	**anthill**	['ænthɪl]

Flora

186. Bomen

boom (de)	tree	[tri:]
loof- (abn)	deciduous	[dɪ'sɪdjʊəs]
dennen- (abn)	coniferous	[kə'nɪfərəs]
groenblijvend (bn)	evergreen	['evəgri:n]

appelboom (de)	apple tree	['æpəl ˌtri:]
perenboom (de)	pear tree	['peə ˌtri:]
pruimelaar (de)	plum tree	['plʌm tri:]

berk (de)	birch	[bɜ:tʃ]
eik (de)	oak	[əʊk]
linde (de)	linden tree	['lɪndən tri:]
esp (de)	aspen	['æspən]
esdoorn (de)	maple	['meɪpəl]

spar (de)	spruce	[spru:s]
den (de)	pine	[paɪn]
lariks (de)	larch	[lɑ:tʃ]
zilverspar (de)	fir	[fɜ:(r)]
ceder (de)	cedar	['si:də(r)]

populier (de)	poplar	['pɒplə(r)]
lijsterbes (de)	rowan	['rəʊən]
wilg (de)	willow	['wɪləʊ]
els (de)	alder	['ɔ:ldə(r)]

beuk (de)	beech	[bi:tʃ]
iep (de)	elm	[elm]
es (de)	ash	[æʃ]
kastanje (de)	chestnut	['tʃesnʌt]

magnolia (de)	magnolia	[mæg'nəʊlɪə]
palm (de)	palm tree	[pɑ:m tri:]
cipres (de)	cypress	['saɪprəs]

mangrove (de)	mangrove	['mæŋgrəʊv]
baobab (apenbroodboom)	baobab	['beɪəuˌbæb]
eucalyptus (de)	eucalyptus	[ˌju:kə'lɪptəs]
mammoetboom (de)	sequoia	[sɪ'kwɔɪə]

187. Heesters

| struik (de) | bush | [bʊʃ] |
| heester (de) | shrub | [ʃrʌb] |

| wijnstok (de) | grapevine | ['greɪpvaɪn] |
| wijngaard (de) | vineyard | ['vɪnjəd] |

frambozenstruik (de)	raspberry bush	['rɑːzbərɪ bʊʃ]
rode bessenstruik (de)	redcurrant bush	['redkʌrənt bʊʃ]
kruisbessenstruik (de)	gooseberry bush	['gʊzbərɪ ˌbʊʃ]

acacia (de)	acacia	[ə'keɪʃə]
zuurbes (de)	barberry	['bɑːbərɪ]
jasmijn (de)	jasmine	['dʒæzmɪn]

jeneverbes (de)	juniper	['dʒuːnɪpə(r)]
rozenstruik (de)	rosebush	['rəʊzbʊʃ]
hondsroos (de)	dog rose	['dɒg ˌrəʊz]

188. Champignons

paddenstoel (de)	mushroom	['mʌʃrʊm]
eetbare paddenstoel (de)	edible mushroom	['edɪbəl 'mʌʃrʊm]
giftige paddenstoel (de)	toadstool	['təʊdstuːl]
hoed (de)	cap	[kæp]
steel (de)	stipe	[staɪp]

gewoon eekhoorntjesbrood (het)	cep, penny bun	[sep], ['penɪ bʌn]
rosse populierenboleet (de)	orange-cap boletus	['ɒrɪndʒ kæp bə'liːtəs]
berkenboleet (de)	birch bolete	[bɜːtʃ bə'liːtə]
cantharel (de)	chanterelle	[ʃɒntə'rel]
russula (de)	russula	['rʌsjʊlə]

morille (de)	morel	[mə'rel]
vliegenzwam (de)	fly agaric	[flaɪ 'ægərɪk]
groene knolzwam (de)	death cap	['deθ ˌkæp]

189. Vruchten. Bessen

vrucht (de)	fruit	[fruːt]
vruchten (mv.)	fruits	[fruːts]
appel (de)	apple	['æpəl]
peer (de)	pear	[peə(r)]
pruim (de)	plum	[plʌm]

| aardbei (de) | strawberry | ['strɔːbərɪ] |
| druif (de) | grape | [greɪp] |

framboos (de)	raspberry	['rɑːzbərɪ]
zwarte bes (de)	blackcurrant	[ˌblæk'kʌrənt]
rode bes (de)	redcurrant	['redkʌrənt]
kruisbes (de)	gooseberry	['gʊzbərɪ]
veenbes (de)	cranberry	['krænbərɪ]
sinaasappel (de)	orange	['ɒrɪndʒ]
mandarijn (de)	tangerine	[ˌtændʒə'riːn]

ananas (de)	pineapple	['paɪnˌæpəl]
banaan (de)	banana	[bə'nɑːnə]
dadel (de)	date	[deɪt]

citroen (de)	lemon	['lemən]
abrikoos (de)	apricot	['eɪprɪkɒt]
perzik (de)	peach	[piːtʃ]
kiwi (de)	kiwi	['kiːwiː]
grapefruit (de)	grapefruit	['greɪpfruːt]

bes (de)	berry	['berɪ]
bessen (mv.)	berries	['berɪːz]
vossenbes (de)	cowberry	['kaʊberɪ]
bosaardbei (de)	wild strawberry	[ˌwaɪld 'strɔːberɪ]
bosbes (de)	bilberry	['bɪlberɪ]

190. Bloemen. Planten

| bloem (de) | flower | ['flaʊə(r)] |
| boeket (het) | bouquet | [bʊ'keɪ] |

roos (de)	rose	[rəʊz]
tulp (de)	tulip	['tjuːlɪp]
anjer (de)	carnation	[kɑː'neɪʃən]
gladiool (de)	gladiolus	[ˌglædɪ'əʊləs]

korenbloem (de)	cornflower	['kɔːnflaʊə(r)]
klokje (het)	bluebell	['bluːbel]
paardenbloem (de)	dandelion	['dændɪlaɪən]
kamille (de)	camomile	['kæməmaɪl]

aloë (de)	aloe	['æləʊ]
cactus (de)	cactus	['kæktəs]
ficus (de)	rubber plant, ficus	['rʌbə plɑːnt], ['faɪkəs]

lelie (de)	lily	['lɪlɪ]
geranium (de)	geranium	[dʒɪ'reɪnjəm]
hyacint (de)	hyacinth	['haɪəsɪnθ]

mimosa (de)	mimosa	[mɪ'məʊzə]
narcis (de)	narcissus	[nɑː'sɪsəs]
Oostindische kers (de)	nasturtium	[nəs'tɜːʃəm]

orchidee (de)	orchid	['ɔːkɪd]
pioenroos (de)	peony	['piːənɪ]
viooltje (het)	violet	['vaɪələt]

driekleurig viooltje (het)	pansy	['pænzɪ]
vergeet-mij-nietje (het)	forget-me-not	[fə'get mi ˌnɒt]
madeliefje (het)	daisy	['deɪzɪ]

papaver (de)	poppy	['pɒpɪ]
hennep (de)	hemp	[hemp]
munt (de)	mint	[mɪnt]

| lelietje-van-dalen (het) | lily of the valley | ['lılı əv ðə 'vælı] |
| sneeuwklokje (het) | snowdrop | ['snəʊdrɒp] |

brandnetel (de)	nettle	['netəl]
veldzuring (de)	sorrel	['sɒrəl]
waterlelie (de)	water lily	['wɔ:tə 'lılı]
varen (de)	fern	[fɜ:n]
korstmos (het)	lichen	['laıkən]

oranjerie (de)	tropical glasshouse	['trɒpıkəl 'glɑ:shaʊs]
gazon (het)	lawn	[lɔ:n]
bloemperk (het)	flowerbed	['flaʊəbed]

plant (de)	plant	[plɑ:nt]
gras (het)	grass	[grɑ:s]
grasspriet (de)	blade of grass	[bleıd əv grɑ:s]

blad (het)	leaf	[li:f]
bloemblad (het)	petal	['petəl]
stengel (de)	stem	[stem]
knol (de)	tuber	['tju:bə(r)]

| scheut (de) | young plant | [jʌŋ plɑ:nt] |
| doorn (de) | thorn | [θɔ:n] |

bloeien (ww)	to blossom (vi)	[tə 'blɒsəm]
verwelken (ww)	to fade (vi)	[tə feıd]
geur (de)	smell	[smel]
snijden (bijv. bloemen ~)	to cut (vt)	[tə kʌt]
plukken (bloemen ~)	to pick (vt)	[tə pık]

191. Granen, graankorrels

graan (het)	grain	[greın]
graangewassen (mv.)	cereal crops	['sıərıəl krɒps]
aar (de)	ear	[ıə(r)]

tarwe (de)	wheat	[wi:t]
rogge (de)	rye	[raı]
haver (de)	oats	[əʊts]
gierst (de)	millet	['mılıt]
gerst (de)	barley	['bɑ:lı]

maïs (de)	maize	[meız]
rijst (de)	rice	[raıs]
boekweit (de)	buckwheat	['bʌkwi:t]

erwt (de)	pea	[pi:]
boon (de)	kidney bean	['kıdnı bi:n]
soja (de)	soya	['sɔıə]
linze (de)	lentil	['lentıl]
bonen (mv.)	beans	[bi:nz]

REGIONALE AARDRIJKSKUNDE

Landen. Nationaliteiten

192. Politiek. Overheid. Deel 1

politiek (de)	politics	['pɒlətɪks]
politiek (bn)	political	[pə'lɪtɪkəl]
politicus (de)	politician	[ˌpɒlɪ'tɪʃən]
staat (land)	state	[steɪt]
burger (de)	citizen	['sɪtɪzən]
staatsburgerschap (het)	citizenship	['sɪtɪzənʃɪp]
nationaal wapen (het)	national emblem	['næʃənəl 'embləm]
volkslied (het)	national anthem	['næʃənəl 'ænθəm]
regering (de)	government	['gʌvənmənt]
staatshoofd (het)	head of state	[hed əv steɪt]
parlement (het)	parliament	['pɑːləmənt]
partij (de)	party	['pɑːtɪ]
kapitalisme (het)	capitalism	['kæpɪtəlɪzəm]
kapitalistisch (bn)	capitalist	['kæpɪtəlɪst]
socialisme (het)	socialism	['səʊʃəlɪzəm]
socialistisch (bn)	socialist	['səʊʃəlɪst]
communisme (het)	communism	['kɒmjʊnɪzəm]
communistisch (bn)	communist	['kɒmjʊnɪst]
communist (de)	communist	['kɒmjʊnɪst]
democratie (de)	democracy	[dɪ'mɒkrəsɪ]
democraat (de)	democrat	['deməkræt]
democratisch (bn)	democratic	[ˌdemə'krætɪk]
democratische partij (de)	Democratic party	[ˌdemə'krætɪk 'pɑːtɪ]
liberaal (de)	liberal	['lɪbərəl]
liberaal (bn)	liberal	['lɪbərəl]
conservator (de)	conservative	[kən'sɜːvətɪv]
conservatief (bn)	conservative	[kən'sɜːvətɪv]
republiek (de)	republic	[rɪ'pʌblɪk]
republikein (de)	republican	[rɪ'pʌblɪkən]
Republikeinse Partij (de)	Republican party	[rɪ'pʌblɪkən 'pɑːtɪ]
verkiezing (de)	poll, elections	[pəʊl], [ɪ'lekʃənz]
kiezen (ww)	to elect (vt)	[tə ɪ'lekt]
kiezer (de)	elector, voter	[ɪ'lektə(r)], ['vəʊtə(r)]

verkiezingscampagne (de)	election campaign	[ɪˈlekʃən kæmˈpeɪn]
stemming (de)	voting	[ˈvəʊtɪŋ]
stemmen (ww)	to vote (vi)	[tə vəʊt]
stemrecht (het)	right to vote	[ˈraɪt tə ˌvəʊt]

kandidaat (de)	candidate	[ˈkændɪdət]
zich kandideren	to be a candidate	[tə bi ə ˈkændɪdət]
campagne (de)	campaign	[kæmˈpeɪn]

| oppositie- (abn) | opposition | [ˌɒpəˈzɪʃən] |
| oppositie (de) | opposition | [ˌɒpəˈzɪʃən] |

bezoek (het)	visit	[ˈvɪzɪt]
officieel bezoek (het)	official visit	[əˈfɪʃəl ˈvɪzɪt]
internationaal (bn)	international	[ˌɪntəˈnæʃənəl]

| onderhandelingen (mv.) | negotiations | [nɪˌɡəʊʃɪˈeɪʃənz] |
| onderhandelen (ww) | to negotiate (vi) | [tə nɪˈɡəʊʃɪeɪt] |

193. Politiek. Overheid. Deel 2

maatschappij (de)	society	[səˈsaɪətɪ]
grondwet (de)	constitution	[ˌkɒnstɪˈtjuːʃən]
macht (politieke ~)	power	[ˈpaʊə(r)]
corruptie (de)	corruption	[kəˈrʌpʃən]

| wet (de) | law | [lɔː] |
| wettelijk (bn) | legal | [ˈliːɡəl] |

| rechtvaardigheid (de) | justice | [ˈdʒʌstɪs] |
| rechtvaardig (bn) | just, fair | [dʒʌst], [feə(r)] |

comité (het)	committee	[kəˈmɪtɪ]
wetsvoorstel (het)	bill	[bɪl]
begroting (de)	budget	[ˈbʌdʒɪt]
beleid (het)	policy	[ˈpɒləsɪ]
hervorming (de)	reform	[rɪˈfɔːm]
radicaal (bn)	radical	[ˈrædɪkəl]

macht (vermogen)	power	[ˈpaʊə(r)]
machtig (bn)	powerful	[ˈpaʊəfʊl]
aanhanger (de)	supporter	[səˈpɔːtə(r)]
invloed (de)	influence	[ˈɪnflʊəns]

regime (het)	regime	[reɪˈʒiːm]
conflict (het)	conflict	[ˈkɒnflɪkt]
samenzwering (de)	conspiracy	[kənˈspɪrəsɪ]
provocatie (de)	provocation	[ˌprɒvəˈkeɪʃən]

omverwerpen (ww)	to overthrow (vt)	[tə ˌəʊvəˈθrəʊ]
omverwerping (de)	overthrow	[ˈəʊvəθrəʊ]
revolutie (de)	revolution	[ˌrevəˈluːʃən]
staatsgreep (de)	coup d'ëtat	[ˌkuː deɪˈtaː]
militaire coup (de)	military coup	[ˈmɪlɪtərɪ kuː]

crisis (de)	crisis	['kraɪsɪs]
economische recessie (de)	economic recession	[ˌiːkə'nɒmɪk rɪ'seʃən]
betoger (de)	demonstrator	['demənˌstreɪtə(r)]
betoging (de)	demonstration	[ˌdemən'streɪʃən]
krijgswet (de)	martial law	['mɑːʃəl lɔː]
militaire basis (de)	military base	['mɪlɪtərɪ beɪs]

stabiliteit (de)	stability	[stə'bɪlətɪ]
stabiel (bn)	stable	['steɪbəl]

uitbuiting (de)	exploitation	[ˌeksplɔɪ'teɪʃən]
uitbuiten (ww)	to exploit (vt)	[tə ɪk'splɔɪt]

racisme (het)	racism	['reɪsɪzəm]
racist (de)	racist	['reɪsɪst]
fascisme (het)	fascism	['fæʃɪzəm]
fascist (de)	fascist	['fæʃɪst]

194. Landen. Diversen

vreemdeling (de)	foreigner	['fɒrənə(r)]
buitenlands (bn)	foreign	['fɒrən]
in het buitenland (bw)	abroad	[ə'brɔːd]

emigrant (de)	emigrant	['emɪgrənt]
emigratie (de)	emigration	[ˌemɪ'greɪʃən]
emigreren (ww)	to emigrate (vi)	[tə 'emɪgreɪt]

Westen (het)	the West	[ðə west]
Oosten (het)	the East	[ðɪ iːst]
Verre Oosten (het)	the Far East	[ðə 'fɑːriːst]

beschaving (de)	civilisation	[ˌsɪvɪlaɪ'zeɪʃən]
mensheid (de)	humanity	[hjuː'mænətɪ]
wereld (de)	world	[wɜːld]
vrede (de)	peace	[piːs]
wereld- (abn)	worldwide	['wɜːldwaɪd]

vaderland (het)	homeland	['həʊmlænd]
volk (het)	people	['piːpəl]
bevolking (de)	population	[ˌpɒpjʊ'leɪʃən]
mensen (mv.)	people	['piːpəl]
natie (de)	nation	['neɪʃən]
generatie (de)	generation	[dʒenə'reɪʃən]

gebied (bijv. bezette ~en)	territory	['terətrɪ]
regio, streek (de)	region	['riːdʒən]
deelstaat (de)	state	[steɪt]

traditie (de)	tradition	[trə'dɪʃən]
gewoonte (de)	custom	['kʌstəm]
ecologie (de)	ecology	[ɪ'kɒlədʒɪ]
Indiaan (de)	Indian	['ɪndɪən]
zigeuner (de)	Gipsy	['dʒɪpsɪ]

| zigeunerin (de) | Gipsy | ['dʒɪpsɪ] |
| zigeuner- (abn) | Gipsy | ['dʒɪpsɪ] |

rijk (het)	empire	['empaɪə(r)]
kolonie (de)	colony	['kɒlənɪ]
slavernij (de)	slavery	['sleɪvərɪ]
invasie (de)	invasion	[ɪn'veɪʒən]
hongersnood (de)	famine	['fæmɪn]

195. Grote religieuze groepen. Bekentenissen

| religie (de) | religion | [rɪ'lɪdʒən] |
| religieus (bn) | religious | [rɪ'lɪdʒəs] |

geloof (het)	belief	[bɪ'li:f]
geloven (ww)	to believe (vi)	[tə bɪ'li:v]
gelovige (de)	believer	[bɪ'li:və(r)]

| atheïsme (het) | atheism | ['eɪθɪɪzəm] |
| atheïst (de) | atheist | ['eɪθɪɪst] |

christendom (het)	Christianity	[ˌkrɪstɪ'ænətɪ]
christen (de)	Christian	['krɪstʃən]
christelijk (bn)	Christian	['krɪstʃən]

katholicisme (het)	Catholicism	[kə'θɒlɪsɪzəm]
katholiek (de)	Catholic	['kæθlɪk]
katholiek (bn)	Catholic	['kæθlɪk]

protestantisme (het)	Protestantism	['prɒtɪstənˌtɪzəm]
Protestante Kerk (de)	Protestant Church	['prɒtɪstənt tʃɜ:tʃ]
protestant (de)	Protestant	['prɒtɪstənt]

orthodoxie (de)	Orthodoxy	['ɔ:θədɒksɪ]
Orthodoxe Kerk (de)	Orthodox Church	['ɔ:θədɒks tʃɜ:tʃ]
orthodox	Orthodox	['ɔ:θədɒks]

presbyterianisme (het)	Presbyterianism	[ˌprezbɪ'tɪərɪənɪzəm]
Presbyteriaanse Kerk (de)	Presbyterian Church	[ˌprezbɪ'tɪərɪən tʃɜ:tʃ]
presbyteriaan (de)	Presbyterian	[ˌprezbɪ'tɪərɪən]

| lutheranisme (het) | Lutheranism | ['lu:θərənɪzəm] |
| lutheraan (de) | Lutheran | ['lu:θərən] |

| baptisme (het) | Baptist Church | ['bæptɪst tʃɜ:tʃ] |
| baptist (de) | Baptist | ['bæptɪst] |

Anglicaanse Kerk (de)	Anglican Church	['æŋglɪkən tʃɜ:tʃ]
anglicaan (de)	Anglican	['æŋglɪkən]
mormonisme (het)	Mormonism	['mɔ:mənɪzəm]
mormoon (de)	Mormon	['mɔ:mən]
Jodendom (het)	Judaism	['dʒu:deɪˌɪzəm]
jood (aanhanger van het Jodendom)	Jew	[dʒu:]

| boeddhisme (het) | Buddhism | ['bʊdɪzəm] |
| boeddhist (de) | Buddhist | ['bʊdɪst] |

| hindoeïsme (het) | Hinduism | ['hɪndu:ɪzəm] |
| hindoe (de) | Hindu | ['hɪndu:] |

islam (de)	Islam	['ɪzlɑ:m]
islamiet (de)	Muslim	['mʊzlɪm]
islamitisch (bn)	Muslim	['mʊzlɪm]

sjiisme (het)	Shiah Islam	['ʃi:ə 'ɪzlɑ:m]
sjiiet (de)	Shiite	['ʃi:aɪt]
soennisme (het)	Sunni Islam	['sʌnɪ 'ɪzlɑ:m]
soenniet (de)	Sunnite	['sʌnaɪt]

196. Religies. Priesters

| priester (de) | priest | [pri:st] |
| paus (de) | the Pope | [ðə pəʊp] |

monnik (de)	monk, friar	[mʌŋk], ['fraɪə(r)]
non (de)	nun	[nʌn]
pastoor (de)	pastor	['pɑ:stə(r)]

abt (de)	abbot	['æbət]
vicaris (de)	vicar	['vɪkə(r)]
bisschop (de)	bishop	['bɪʃəp]
kardinaal (de)	cardinal	['kɑ:dɪnəl]

predikant (de)	preacher	['pri:tʃə(r)]
preek (de)	preaching	['pri:tʃɪn]
kerkgangers (mv.)	parishioners	[pə'rɪʃənəz]

| gelovige (de) | believer | [bɪ'li:və(r)] |
| atheïst (de) | atheist | ['eɪθɪɪst] |

197. Geloof. Christendom. Islam

| Adam | Adam | ['ædəm] |
| Eva | Eve | [i:v] |

God (de)	God	[gɒd]
Heer (de)	the Lord	[ðə lɔ:d]
Almachtige (de)	the Almighty	[ði ɔ:l'maɪtɪ]

zonde (de)	sin	[sɪn]
zondigen (ww)	to sin (vi)	[tə sɪn]
zondaar (de)	sinner	['sɪnə(r)]
zondares (de)	sinner	['sɪnə(r)]

| hel (de) | hell | [hel] |
| paradijs (het) | paradise | ['pærədaɪs] |

| Jezus | Jesus | ['dʒi:zəs] |
| Jezus Christus | Jesus Christ | ['dʒi:zəs kraɪst] |

Heilige Geest (de)	the Holy Spirit	[ðə 'həʊlɪ 'spɪrɪt]
Verlosser (de)	the Saviour	[ðə 'seɪvjə(r)]
Maagd Maria (de)	the Virgin Mary	[ðə 'vɜ:dʒɪn 'meərɪ]

duivel (de)	the Devil	[ðə 'devəl]
duivels (bn)	devil's	['devəlz]
Satan	Satan	['seɪtən]
satanisch (bn)	satanic	[sə'tænɪk]

engel (de)	angel	['eɪndʒəl]
beschermengel (de)	guardian angel	['gɑ:djən 'eɪndʒəl]
engelachtig (bn)	angelic	[æn'dʒelɪk]

apostel (de)	apostle	[ə'pɒsəl]
aartsengel (de)	archangel	['ɑ:k,eɪndʒəl]
antichrist (de)	the Antichrist	[ðɪ 'æntɪ,kraɪst]

Kerk (de)	Church	[tʃɜ:tʃ]
bijbel (de)	Bible	['baɪbəl]
bijbels (bn)	biblical	['bɪblɪkəl]

Oude Testament (het)	Old Testament	[əʊld 'testəmənt]
Nieuwe Testament (het)	New Testament	[nju: 'testəmənt]
evangelie (het)	Gospel	['gɒspəl]
Heilige Schrift (de)	Holy Scripture	['həʊlɪ 'skrɪptʃə(r)]
Hemel, Hemelrijk (de)	heaven	['hevən]

gebod (het)	Commandment	[kə'mɑ:ndmənt]
profeet (de)	prophet	['prɒfɪt]
profetie (de)	prophecy	['prɒfɪsɪ]

Allah	Allah	['ælə]
Mohammed	Mohammed	[mə'hæmɪd]
Koran (de)	the Koran	[ðə kə'rɑ:n]

moskee (de)	mosque	[mɒsk]
moellah (de)	mullah	['mʌlə]
gebed (het)	prayer	[preə(r)]
bidden (ww)	to pray (vi, vt)	[tə preɪ]

pelgrimstocht (de)	pilgrimage	['pɪlgrɪmɪdʒ]
pelgrim (de)	pilgrim	['pɪlgrɪm]
Mekka	Mecca	['mekə]

kerk (de)	church	[tʃɜ:tʃ]
tempel (de)	temple	['tempəl]
kathedraal (de)	cathedral	[kə'θi:drəl]
gotisch (bn)	Gothic	['gɒθɪk]
synagoge (de)	synagogue	['sɪnəgɒg]
moskee (de)	mosque	[mɒsk]

| kapel (de) | chapel | ['tʃæpəl] |
| abdij (de) | abbey | ['æbɪ] |

nonnenklooster (het)	convent	['kɒnvənt]
mannenklooster (het)	monastery	['mɒnəstəri]
klok (de)	bell	[bel]
klokkentoren (de)	bell tower	[bel 'taʊə(r)]
luiden (klokken)	to ring (vi)	[tə rɪŋ]
kruis (het)	cross	[krɒs]
koepel (de)	cupola	['kju:pələ]
icoon (de)	icon	['aɪkɒn]
ziel (de)	soul	[səʊl]
lot, noodlot (het)	fate	[feɪt]
kwaad (het)	evil	['i:vəl]
goed (het)	good	[gʊd]
vampier (de)	vampire	['væmpaɪə(r)]
heks (de)	witch	[wɪtʃ]
demoon (de)	demon	['di:mən]
duivel (de)	devil	['devəl]
geest (de)	spirit	['spɪrɪt]
verzoeningsleer (de)	redemption	[rɪ'dempʃən]
vrijkopen (ww)	to redeem (vt)	[tə rɪ'di:m]
mis (de)	church service, mass	[tʃɜ:tʃ 'sɜ:vɪs], [mæs]
de mis opdragen	to say mass	[tə seɪ mæs]
biecht (de)	confession	[kən'feʃən]
biechten (ww)	to confess (vi)	[tə kən'fes]
heilige (de)	saint	[seɪnt]
heilig (bn)	sacred	['seɪkrɪd]
wijwater (het)	holy water	['həʊlɪ 'wɔ:tə(r)]
ritueel (het)	ritual	['rɪtʃʊəl]
ritueel (bn)	ritual	['rɪtʃʊəl]
offerande (de)	sacrifice	['sækrɪfaɪs]
bijgeloof (het)	superstition	[ˌsu:pə'stɪʃən]
bijgelovig (bn)	superstitious	[ˌsu:pə'stɪʃəs]
hiernamaals (het)	afterlife	['ɑ:ftəlaɪf]
eeuwige leven (het)	eternal life	[ɪ'tɜ:nəl laɪf]

DIVERSEN

198. Diverse nuttige woorden

achtergrond (de)	background	['bækgraʊnd]
balans (de)	balance	['bæləns]
basis (de)	base	[beɪs]
begin (het)	beginning	[bɪ'gɪnɪŋ]
beurt (wie is aan de ~?)	turn	[tɜːn]

categorie (de)	category	['kætəgərɪ]
comfortabel (~ bed, enz.)	comfortable	['kʌmfətəbəl]
compensatie (de)	compensation	[ˌkɒmpen'seɪʃən]
deel (gedeelte)	part	[pɑːt]

deeltje (het)	particle	['pɑːtɪkəl]
ding (object, voorwerp)	thing	[θɪŋ]
dringend (bn, urgent)	urgent	['ɜːdʒənt]
dringend (bw, met spoed)	urgently	['ɜːdʒəntlɪ]
effect (het)	effect	[ɪ'fekt]

eigenschap (kwaliteit)	property, quality	['prɒpətɪ], ['kwɒlɪtɪ]
einde (het)	end	[end]
element (het)	element	['elɪmənt]
feit (het)	fact	[fækt]
fout (de)	mistake	[mɪ'steɪk]

geheim (het)	secret	['siːkrɪt]
graad (mate)	degree	[dɪ'griː]
groei (ontwikkeling)	growth	[grəʊθ]
hindernis (de)	barrier	['bærɪə(r)]
hinderpaal (de)	obstacle	['ɒbstəkəl]

hulp (de)	help	[help]
ideaal (het)	ideal	[aɪ'dɪəl]
inspanning (de)	effort	['efət]
keuze (een grote ~)	choice	[tʃɔɪs]
labyrint (het)	labyrinth	['læbərɪnθ]

manier (de)	way	[weɪ]
moment (het)	moment	['məʊmənt]
nut (bruikbaarheid)	utility	[juː'tɪlətɪ]
onderscheid (het)	difference	['dɪfrəns]

ontwikkeling (de)	development	[dɪ'veləpmənt]
oplossing (de)	solution	[sə'luːʃən]
origineel (het)	original	[ɒ'rɪdʒɪnəl]
pauze (de)	pause	[pɔːz]
positie (de)	position	[pə'zɪʃən]
principe (het)	principle	['prɪnsɪpəl]

probleem (het)	**problem**	['prɒbləm]
proces (het)	**process**	['prəʊses]
reactie (de)	**reaction**	[rɪ'ækʃən]
reden (om ~ van)	**cause**	[kɔːz]
risico (het)	**risk**	[rɪsk]
samenvallen (het)	**coincidence**	[kəʊ'ɪnsɪdəns]
serie (de)	**series**	['sɪəriːz]
situatie (de)	**situation**	[ˌsɪtjʊ'eɪʃən]
soort (bijv. ~ sport)	**kind**	[kaɪnd]
standaard (bn)	**standard**	['stændəd]
standaard (de)	**standard**	['stændəd]
stijl (de)	**style**	[staɪl]
stop (korte onderbreking)	**stop, pause**	[stɒp], [pɔːz]
systeem (het)	**system**	['sɪstəm]
tabel (bijv. ~ van Mendelejev)	**table, chart**	['teɪbəl], [tʃɑːt]
tempo (langzaam ~)	**tempo, rate**	['tempəʊ], [reɪt]
term (medische ~en)	**term**	[tɜːm]
type (soort)	**type**	[taɪp]
variant (de)	**variant**	['veərɪənt]
veelvuldig (bn)	**frequent**	['friːkwənt]
vergelijking (de)	**comparison**	[kəm'pærɪsən]
voorbeeld (het goede ~)	**example**	[ɪg'zɑːmpəl]
voortgang (de)	**progress**	['prəʊgres]
voorwerp (ding)	**object**	['ɒbdʒɪkt]
vorm (uiterlijke ~)	**shape**	[ʃeɪp]
waarheid (de)	**truth**	[truːθ]
zone (de)	**zone**	[zəʊn]